师资队伍人才培养研究

张雪 张梦遥 著

中国商业出版社

图书在版编目（CIP）数据

师资队伍人才培养研究 / 张雪，张梦遥著. -- 北京：中国商业出版社，2023.12
ISBN 978-7-5208-2801-7

Ⅰ. ①师… Ⅱ. ①张… ②张… Ⅲ. ①师资队伍建设-研究 Ⅳ. ① G451.2

中国国家版本馆 CIP 数据核字 (2023) 第 245220 号

责任编辑：石胜利
策划编辑：王　彦

中国商业出版社出版发行
（www.zgsycb.com　100053　北京广安门内报国寺 1 号）
总编室：010-63180647　编辑室：010-63033100
发行部：010-83120835 / 8286
新华书店经销
北京厚诚则铭印刷科技有限公司印刷

*

710 毫米 ×1000 毫米　16 开　12.5 印张　210 千字
2023 年 12 月第 1 版　2023 年 12 月第 1 次印刷
定价：75.00 元

****

（如有印装质量问题可更换）

前　言

作为教育事业的中流砥柱，教师肩负着培养未来世代的重要使命。教育作为社会进步和发展的引擎，其核心在于培养未来的领导者、创新者和社会贡献者，而构建一支强大且具备多元素质的师资队伍，是学校实现这一目标的基础。然而，教学环境和教育需求的不断变化，呼唤着更加灵活、全面发展的师资队伍。教师队伍的素质直接影响着教育的质量和未来的发展，因此，如何有效培养和发展教育领域中的教师队伍，以适应当今复杂多变的教育挑战是教育需要关注的热点。

在教师队伍的构建和培养中，人才的挖掘和培养显得尤为关键，本书不仅强调教师个体的专业发展，更探讨教师之间的互动和协作。在当今全球化和科技普及的背景下，教师不再是孤立工作的个体，而是需要与同行、学生和社区更密切的互动合作。因此，本书也探讨了团队建设、跨学科合作以及教师与社区、行业的互动等方面的议题。

本书以前瞻性的视角，提出在未来教育中培养卓越师资队伍的战略性思考，旨在帮助学校更好地理解和把握师资力量的动态变化，为构建具有创新力、适应性的师资队伍提供理论支持。教育的变革和提升是一个持续的过程，而教师则是这个过程中最重要的推动者。本书致力于为教育领域的决策者、教育管理者、教育工作者以及对教育发展充满热情的人们提供深入、全面的参考和指导。希望本书能够成为广大教育工作者的指南，激励和引领他们在不断变化的教育景观中探索创新、持续进步。

最后，衷心感谢所有为本书提供支持和贡献的专家学者和教育工作者，凭借着丰富的专业知识、深入的研究成果以及独到的见解，这本书才得以在内容上更加完善、在观点上更加丰富。这份共同的努力和付出不仅是为了一本书的完成，更是为了推动教育事业的不断发展与进步。

前言

目 录

第一章 师资队伍人才培养概论

第一节 师资队伍结构要素与优化

一、师资队伍结构的要素

教师队伍的结构[①]从根本上来看是一个动态结构，它要适应所处阶段的国家政治和经济发展水平的需要；要适应所在学校的性质、任务和规模以及学科建设需要，且随着学校的发展而不断优化。

构成学校教师队伍结构的要素，大体可分为两类：一类是潜结构要素，如教师的思想政治素质、专业素质、创新素质、人文素质、心理素质等，它直接影响教师队伍的整体效能及稳定状况，这是学校教师队伍结构中既实际存在又不可具体准确量化的重要因素；另一类是显结构要素，如教师的职务、年龄、学历、专业等，它能直接显示教师队伍的质量、能力和学术水平的基本状况，这是学校教师队伍结构中的基本要素。

就潜结构方面而言，教师的思想政治素质、专业素质、创新素质、人文素质和心理素质都是优化教师队伍结构的重要因素，它们对学校教师队伍的团结、稳定、凝聚力的增强、教学科研水平的提高、整体效能的形成与发挥都起着决定性的作用。思想政治素质是指教师在思想观点和工作作风等方面所应具备的基本要求。专业素质是指教师在教育教学过程中表现出来的以及潜在稳定的必备的专业品质，主要包括教师职业道德、教师专业知识和教师

① 教师队伍结构是教师队伍中教师本身条件要素的构成比例及其相互联系，如教师的职务、年龄、学历、专业等要素的构成比例，以及教师的素质及其相互之间的关系等。

专业能力。创新素质是指教师从事科研工作和培养学生创新能力所必须具备的要求，主要包括创新观念、创新人格和创新能力。人文素质是指教师关于对人的生命、意义和价值等精神世界的关注与追求的素质，主要包括人文精神、人文知识、人文思维等。教师心理素质是指教师在教育实践中生成和积淀的，与学生身心发展密切关联的，并且对教育教学效果有显著影响的心理品质的综合表现，包括认知因素、人格因素和心理健康水平等。

（一）职务结构

职务结构是教师队伍内部具有初级、中级和高级专业技术职务数量的构成情况。教师的专业技术职务由低到高，依次为助教、讲师、副教授、教授。职务结构是衡量教师队伍整体状况的重要尺度之一，它在一定程度上反映了教师队伍中教师的学术水平、胜任教学科研工作的能力和学校的人才培养层次。

教师职务的结构比例受到学校类型、学科专业分布、人才培养规格、教师的学历层次以及有关政策的制约，因此呈现出不同的特点。例如，以培养研究生和科研为主的研究型学校，高级职务的比例较大，职务结构呈倒金字塔形；教学与科研并重的学校，正高级职务与初级职务比例相对较小，副高级职务和中级职务的比例较大，呈卵形结构；以教学为主的专科学校，高级职务更少一些，职务结构呈金字塔形。各高等学校的教师职务结构比例不尽一致，所以应针对不同类型的学科、专业和不同层次的教学任务，科学、合理地确定教师的职务结构。

（二）学历结构

学历结构是教师队伍中具有不同学历（学位）的教师数量的构成状况，是衡量教师群体理论水平和研究能力的重要指标。虽然学历不能反映一个教师的实际教学能力和科研水平，但在一定程度上也反映出一个教师在某个学科上的起点和基础。一般而言，具有较高学历的人，能很快地被吸引到学术领域的最前沿，且具有较强的研究和创新能力。所以，学历结构在一定程度上反映了教师队伍的理论知识、业务基础和科学研究的水平。

（三）年龄结构

教师的年龄结构是教师队伍的平均年龄和各年龄段教师分布的状况，它在一定程度上反映了教师队伍的活力和学术梯队的基本状况，是衡量教师队伍创造力高低的主要指标。

合理的年龄结构是指老、中、青教师应大致呈均衡分布，从而保持整个队伍既有丰富的经验、深厚的功底，又充满创造热情，并保证可持续性发展。合理的年龄结构不应是高、中、低三级职务分别分布在老、中、青三个年龄层次，更主要的是在高级职务中应有三个年龄层次的人。

（四）学缘结构

学缘结构是教师队伍中教师完成最后学历（学位）教育的毕业学校、所学专业的构成状况，它在一定程度上反映了教师队伍的学术互补、知识构成情况，是衡量教师队伍学术氛围是否活跃的主要指标。

一般而言，在学校中，教师来源的多样化程度越高，其学术氛围就越活跃，教师的学术观点和学术思想就会形成互补，从而有利于提高教师的整体学术水平。反之，相同的学术背景是导致原创性成果贫乏的主要原因之一。原创性成果通常是在不同思想的相互碰撞中产生的，如果众多的教师来源于同一个学校、同一个实验室、同一个研究所甚至同一个导师，在学习环境、知识构成、思维方式等方面，往往具有较强的同质性。所以，一个具有较强同质性的群体中，不同思想相互碰撞的情况较少，且相互激发创新思维的概率很低。

（五）专业结构

专业结构是教师队伍中教授公共基础课、专业基础课和各类专业课的教师的数量构成情况，它在一定程度上反映了教师队伍承担教学科研任务的能力，也是学校学科建设情况的重要体现。因此，在专业结构方面，要切实做到统筹规划、合理布局、讲究效益、互补优势、提高效能，使公共基础课、专业基础课和各专业课的教师合理配置，有利于适应学校人才培养规格的需要，有利于学校学科建设的需要，有利于学校教学科研任务的完成。

二、师资队伍结构的优化

（一）优化师资队伍结构的价值

优化教师队伍结构有助于充分发挥学校在人才培养、科学研究和社会服务方面的整体性功能。

第一，优化教师队伍结构有利于提高人才培养质量。人才培养是学校的基本职能，培养人才，关键在于教师。作为一个传授高深学问的专业机构，教师队伍要高质量地完成教学任务，必须拥有高深的知识、宽广的视野、活跃的思维和很强的能力，而这些品质的形成有赖于长期且严格的学历教育并通过相应的职称级别得以体现；此外，提高教学质量离不开一个老、中、青搭配合理，交流合作频繁，并善于从对方吸收各种教法精髓的教学梯队。从实践层面看，优化教师结构，吸引优秀学子，培养精英，是各国学校发展的共同经验。

第二，优化教师队伍结构有利于提升学校的科学研究水平。科学研究是现代化学校的一项重要职能。在现代社会，教师的科研基础、科研实力、科研潜力和教师的学历状况高度相关，而职称级别就是科研能力和科研业绩的制度性认可。实际上，教师的学历和职称状况已经成为衡量一所学校科研实力的重要指标。除此之外，学缘结构和年龄结构也是影响学校科研水平的重要因素，其中视野狭窄和思维僵化对创造活力和科研产出等都产生了消极影响。从联结方式看，交流讨论、合作共事、帮扶指导是科研梯队健康发展的重要途径。良好的教师结构总会表现为队伍的科研基础好、创新能力高、代际传递畅、科研氛围佳、互动渠道多、优势互补强，从而有助于科研成果的不断涌现和科研队伍的可持续发展。从一定意义上来看，学校之间科研实力的竞争就是教师队伍结构优化度的竞争。

第三，优化教师队伍结构有利于增强学校的社会服务能力。随着学校与社会关系的密切化，学校服务社会的方式呈现出复杂化、项目化和团队化特征，服务内容也涉及多方面的学科和领域，所以需要教师队伍具有多样的知识与能力，并处于良好的相互协调合作之中。从这一角度上讲，合理的教师队伍结构是充分发挥学校服务社会功能的重要条件。

（二）优化教师队伍结构的目标

教师队伍结构优化要达到的目标，是要适应国家社会发展、经济建设和科技发展的需要，且适应高等教育事业发展的需要，以培养高层次创造性人才和创新团队为重点，着眼于学校高层次人才总量的增长和素质的提高，努力建设一支数量充足、结构合理、富有创新能力的教师队伍，从根本上提高我国学校在世界范围内的学术地位和竞争实力，更好地发挥国家基础研究和社会科学的主力军、高新技术研究的重要方面军和科技成果转化的强大生力军的作用，为国家建设提供坚强的智力支持和人才保证。

各学校教师队伍结构的优化要适应学校发展战略和办学目标的需要，教师队伍结构优化的目标要结合学校的办学目标、办学规模、办学层次和学科建设的需要来分阶段确定。不同类型的学校，在合理的职务结构、较高的学历结构、多元的学缘结构、均衡的年龄结构、协调的专业结构及具有创新水平的学科（学术）梯队建设的目标确定上，应当有所区别。

（三）优化师资队伍结构的途径

学校要建设一支德才兼备、结构合理、高效精干、充满活力的师资队伍，首先应着眼于优化师资队伍的结构，使师资队伍的年龄结构、学历结构、职称结构、学缘结构、学科结构等逐步趋向合理。只有各项结构因素都达到优化，才能最大限度地激发各项结构因素的活力，使师资队伍整体结构达到和谐，从而实现以师资结构的优化来推动学校的进步与发展。具体而言，学校师资队伍可以通过下列途径实现结构优化。

1. 完善进入机制，通过多种方式吸引人才

学校在进行师资补充时，要充分考虑多方面因素，均衡、客观、有序地开展师资补充工作。

（1）根据学科建设的需要，综合师资力量的总体水平，建立合理的进入机制，制订科学的补充计划。师资补充的速度与规模既要与学校发展的规模、学科建设的需要相适应，又要考虑教师引入后的使用、培养、流动等问题，作出合理预期，并把握好师资补充工作的节奏。

（2）在控制好工作节奏的前提下，要面向社会，公开遴选高水平的教师。以多种方式吸引人才，营造积聚高层次人才的环境和开发挖掘人才潜力的制

度。对引进各类人才在教学、科研等方面给予优惠政策，从而激发教师对学术科研工作的积极性和主动性。

（3）在选用人才时要严把质量关，严格控制进入年龄、进入层次。通过各种渠道广泛吸纳贤才，以及不同学术思想和教学方式相互渗透，从而改善我国学校师资队伍的学缘结构，并建设一支以中青年教师为骨干的结构均衡的师资队伍。进入机制要与市场经济体制相适应，以促进学校教师合理流动，推动学校教师在竞争中提升，在动态中发展，优化教师资源配置，最终实现师资队伍的结构优化。

2. 拓宽师资培养途径，提高教师业务素质

学校应结合本校实际情况，建立并完善多层次的师资培养体系，促进教师业务素质的全面提高。

（1）鼓励青年教师在职攻读博士学位。针对学历提高，学校可设立“培养基金”专款支持，从而不断提高师资队伍的学历层次，改善师资队伍的学缘结构。

（2）根据学校学科专业建设，培育学术氛围。通过开展各种校内短期研讨班和讲习班，帮助教师了解学校的学科前沿发展动态，拓宽知识面，改进教学方法，在学习、研讨中逐渐形成一种和谐宽松的学术成长环境。

（3）要通过各种校外途径提升教师素质。对于一些具备学术科研潜能的中青年骨干教师，可由学校以访问学者的形式推荐至兄弟院校或科研院所开展学习交流。学校也应鼓励中青年教师积极参与各种国内外学术交流活动，通过与国内外同行交流，开展协作，拓宽视野，增强国际学术精神与竞争意识。通过规划和落实学校教师多学科、多层次、多方式的培养体系，可以不断提高教师终身学习的自觉性，提升教师的个人业务素养，优化师资队伍的整体知识结构。

3. 通过有效措施，激励、培养领军人才

领军人才是一所学校实力的象征，也是学校未来发展的保证。因此，领军人才的培养是学校师资队伍建设的关键，也是完善和优化师资结构的重要途径。学校要围绕学科发展与教学改革，根据基础学科，重点发展应用学科，有针对性地发展新兴学科和边缘学科，采取有效措施，运用各种激励政策，加速培养领军人才。

（1）利用各种专项基金的有效机制，发挥各种奖励制度的激励作用，对杰出人才、学科带头人和骨干教师给予重点支持、重点扶植。

（2）根据各校的实际情况，设立首席教授、特聘教授，重点岗位、关键岗位，实行高额特殊岗位津贴，引进、培养一批能够领导本学科达到国际、国内先进水平的学科带头人。

（3）按照学科专业建设规划，实施中青年骨干教师资助计划，有计划、有目的地遴选优秀中青年教师加以重点培养，实现领军人才的后续储备。

（4）支持和鼓励教师的创造性思维和科学发现，将优秀的中青年教师推上教学科研第一线，支持他们参与或主持重大科研项目。参加重点科研项目的联合攻关，在实践中培养教师的学术科研能力，不断推进师资队伍的优化和发展。

4. 以青年教师为培养重点，提高教师素质水平

教师队伍的年轻化是目前学校教师队伍的重要特点之一，年轻教师已成为教师队伍的主体。青年教师的价值观取向、工作态度等深层次理念以及教学水平、学术水平和创新能力，将直接影响未来我国高等教育的发展方向。因此，主要从以下几个方面探讨。

（1）采取多种形式培养提高青年教师的思想政治素质和专业素质。例如，实行导师制度，指定师德高尚、治学严谨、教学科研水平较高的教师，负责帮助青年教师在思想政治和教书育人等方面实现成长和提高，充分发挥中老年教师的传帮带作用；有计划地安排青年教师参加社会实践，帮助他们了解社会、锻炼能力，树立从事教师职业的使命感、责任感和荣誉感。

（2）学校要在提高教师队伍全面政治素质和业务素质的基础上，制订青年骨干教师专门培养计划，采取多种措施，鼓励和支持青年骨干教师在职提升学位层次及早参与科研工作、进入国内外高水平学校和重点科研基地研修学习，经常开展学术交流活动，不断提高学术水平、创新能力和组织协调能力。

第二节 师资队伍建设理论与依据

一、师资队伍建设理论

在经济全球化、思想多元化、网络信息化和人际关系功利化这样一个大变革、大变迁的时代，学校教师队伍的建设、管理、发展，主要依据以下理论，具体如下。

（一）人的全面发展理论

人的全面发展理论是关于个体社会关系全面丰富的发展、全面提高个人能力和素质的发展和全面符合人的个性的发展的理论。人的全面发展理论为学校教师队伍建设管理工作规定了发展要求与目标取向，成为该领域重要的理论依据。

第一，从人的需要和劳动能力的发展来看。人类活动围绕着人类的需要而产生和开展。人的生存需要是人的发展需要的前提和基础。劳动是人类的本质，且人的需要是随着社会历史的发展而不断提高。在资本主义私有制条件下劳动可能会发生某种异化，使劳动仅是维持自身生存的手段。人的发展需要是人的生存需要的发展和升华。在人类活动的发展过程中，实现从异化劳动到自由劳动的转变的条件，是建立在共产主义社会基础上的。由此可见，随着社会历史的不断发展，人类实现了自身能力的多方面进步。

第二，从人的个性发展和社会关系发展来看。在日常的活动中，全面而自由发展的人能感受到自己对活动的支配，这种主人翁的感受会让人在劳动中产生热情，充分调动内驱力和创造力，完成活动，这一系列的活动过程会促进人更加自由而全面地发展。人是社会的人，人的需要、能力、个性的发展总是在一定的社会关系中存在、活动和发展。

（二）战略人力资源管理理论

1. 战略人力资源管理的特点

（1）战略人力资源管理以“人”为核心，视人为“资本”，强调一种动态的、心理的调节和开发，属“服务中心”，出发点是着眼于人，达到人与事的系统优化、使企业取得最大的经济和社会效益之目的。非战略人力资源管理以“事”为中心，将人视为一种成本，把人当作一种“工具”，强调“事”的单一方面的静态控制和管理，属“权力中心”，其管理的形式和目的是“控制人”。

（2）战略人力资源管理作为企业的核心部门，是企业经营战略的重要组成部分，主要通过促进企业长期可持续发展来实现对经营战略的贡献；涵盖组织建设、文化建设与系统建设各个方面，通过企业文化整合战略、组织和系统，从而保证企业战略的执行和实现、推动企业长期稳定地增长。

（3）战略人力资源管理可以灵活地按照国家及地方人事规定、制度，结合企业的实际情况制定符合企业需求的各种人力资源政策，从而建构起系统的人力资源管理体系，确保企业实现经营战略目标。非战略人力资源管理则主要是制度的执行，即按照国家劳动人事政策和上级主管部门发布的劳动人事管理规定、制度对员工进行管理。

（4）战略人力资源管理要求人力资源管理者从企业战略的高度，主动分析和诊断人力资源现状，为决策者准确、及时地提供各种有价值的人力资源相关数据，协助决策者制订具体的人力资源行动计划，支持企业战略目标执行和实现。非战略人力资源管理则只能站在部门的角度，考虑人事事务等相关工作的规范性，充其量只能传达决策者所制定的战略目标等信息。

2. 战略人力资源管理的模型

战略人力资源管理的模型按照四个层次进行划分，整体呈现自行车轮的形状，轴心是企业目标。第一层是开放的企业外部环境，它既影响企业战略的制定，也决定企业人力资源环境。第二层次是公司战略层面，它决定企业的目标，同时是决定企业直接参与市场竞争方式的层次。第三层次是影响公司战略能否成功的关键部分，对战略实施起支持作用，包括人、文化、领导和结构。第四层次是具体的人力资源战略，这是体现企业内部人力资源系统的层面，既要对公司战略提供支撑，彼此间也要配合。

此外，如果在这四个层次中的任何一个环节出现断裂，都会影响整个系统的运行，甚至可能缠住轴心，导致企业目标无法实现或受到损害。因此，战略人力资源管理的作用就是在这四个层次之间进行协调和优化，以确保企业目标的实现。从战略人力资源模型可以看出，战略人力资源管理理论是基于企业管理的具体特点，认为在战略人力资源管理的第四层次主要涵盖了招聘、薪酬、开发、考核四个方面的内容。根据教师队伍分类管理的实际情况和教育活动的具体特点，我们可以进一步解构和重构这一层次的内容。

教师队伍分类管理具体包括教师分类聘任、分类调配、分类培训、分类薪酬、分类考核和分类退出六个方面的核心内容。通过分析这些方面的具体实施情况，我们可以更好地理解战略人力资源管理在教师队伍分类管理中的应用和作用。

（三）教师生涯发展理论

教师生涯发展[①]理论共发展出教师生涯发展周期理论、教师生涯阶段理论、教师生涯循环理论和教师生涯实现理论四种理论派别。

1. 教师生涯发展周期理论

教师生涯发展周期理论是一个重要的教育理论，它从年龄和教龄两个维度对教师生涯发展进行了划分，这个理论不仅为理解教师的职业发展提供了框架，而且为教育机构和教师本人提供了指导，以更好地规划和管理他们的职业生涯。

按照年龄对教师生涯发展进行划分的理论，将教师的生涯发展划分为不同的阶段，这些阶段包括新手阶段、熟手阶段、专家阶段和退休阶段。每个阶段都有其特定的特征和发展重点，这有助于教师了解自己的职业定位和发展方向。

（1）新手阶段。教师通常比较年轻，刚刚开始职业生涯，需要适应教学环境和学习如何有效地传授知识。这个阶段的重点是培养基本的教学技能和知识，以及与学生、同事和家长建立良好的关系。

（2）熟手阶段。教师已经积累了一定的教学经验，能够自如地应对各种

① 教师生涯发展是从纵向对教师专业发展进行解读，是指教师的职业素质、能力、成就和职称等随着时间轨迹而发生的变化过程及其相应的心理体验与心理发展历程。

教学情况。这个阶段的重点是深化教学技能，探索更有效的教学方法，并开始承担一些管理或领导职责。

（3）专家阶段。教师已经具备了丰富的教学经验和专业知识，能够灵活地应对各种教学挑战。这个阶段的重点是分享和传承经验，指导其他教师，参与课程开发和教育政策制定等更高层次的活动。

（4）退休阶段。教师已经结束了他们的教学生涯，开始享受退休生活。这个阶段的重点是维持健康的生活方式，保持积极的心态，并可能通过担任顾问或从事其他教育相关活动来继续作出贡献。

总体而言，教师生涯发展周期理论为教师和教育机构提供了一个全面的视角，以理解教师职业发展的过程和阶段，这有助于为教师的专业发展提供适当的支持和指导，从而促进教育质量和学生学习成果的提升。

2. 教师生涯阶段理论

教师生涯阶段理论是一个用来理解和描述教师在整个职业生涯中经历的不同阶段的理论模型，这个理论试图揭示每个阶段的特点、挑战和需求，以及教师如何从一个阶段过渡到另一个阶段。

教师生涯阶段理论认为，教师的职业生涯可以划分为不同的阶段，每个阶段都有其特定的特征和发展任务，这些阶段包括以下方面。

（1）探索阶段：在这个阶段，教师开始寻找自己的职业方向，并考虑成为一名教师。他们可能会参加教育实习或者教育课程，以了解教学工作的内容和挑战。

（2）初任教师阶段：在这个阶段，新教师开始承担教学任务，并努力适应自己的角色。他们可能会面临许多挑战，包括管理班级、备课、评估学生成绩等。

（3）职业发展阶段：在这个阶段，教师已经具备了一定的教学经验，并开始寻求专业发展的机会。他们可能会参加专业培训课程、研究项目或者担任导师角色，以帮助新教师。

（4）职业高原阶段：在这个阶段，教师可能会面临职业上的停滞和困惑。他们可能感到自己的职业生涯已经达到了一个顶峰，而进一步的发展和提升似乎变得更加困难。

（5）更新知识和技能的阶段：在这个阶段，教师需要不断更新自己的知识和技能，以适应不断变化的教育环境和学生需求。他们可能会参加各种教育研讨会、研修课程或者进行教育研究，以保持自己的竞争力。

（6）退出教职阶段：在这个阶段，教师开始考虑退休或者离开教学职业。他们可能会减少教学工作量，开始寻找其他职业机会或者追求个人兴趣爱好。

教师生涯阶段理论对于理解教师的职业生涯和发展具有重要的意义。它可以帮助教育工作者更好地了解教师的需求和挑战，并提供相应的支持和指导，以帮助教师实现自己的职业目标。同时，这个理论也可以帮助教师自身更好地规划自己的职业生涯，并为自己提供持续发展的机会。

3. 教师生涯循环理论

教师生涯循环理论认为，教师生涯是一个动态的、复杂多变的过程，将教师生涯发展划分为职前期、职初期、能力建构期、热情与成长期、职业挫折期、职业稳定期、职业消退期和职业离岗期八个阶段，每一个阶段都有特定的成长需求，并针对这一需求制定了相应的激励措施和不同的支持系统，以促进教师生涯发展。

教师生涯循环理论较为关注组织环境和个人环境对教师生涯发展的影响，但是其落脚点更多体现在突发、后发时间或因素层面，对于具有稳定性、长期性地影响教师生涯发展的因素关注不够。

4. 教师生涯实现理论

教师生涯实现理论包括教师生涯循环发展理论、教师职业发展阶段理论、教师生涯发展阶段论、教师专业发展阶段论等。

（1）教师生涯循环发展理论是由美国俄亥俄州州立大学的伯顿等学者提出的，他们通过对处在不同生涯发展阶段的教师进行大样本、严密、有序的访谈后，提出了这一理论。

（2）教师职业发展阶段理论是由富勒提出的，他通过“关注阶段论”对教师职业生涯进行了划分。具体而言，教师的职业生涯分为四个阶段。首先，教学前关注阶段：这个阶段通常发生在教师接受教育培训期间，甚至可能在他们开始从教之前。在这个阶段，教师对教育抱有理想和期望，对自己的未来充满希望和期待。他们可能会想象自己站在讲台上，传授知识给学生，但这个阶段通常缺乏对实际教学情境的了解和体验。其次，早期生存关注阶段：这个阶段通常发生在教师开始教学生涯的前几年。他们开始真正体验到实际教学情境的挑战，面临着各种压力，比如管理学生、处理各种问题、应对各种需求等。再次，关注教学情境阶段：这个阶段通常发生在教师职业生涯的早期到中期。在这个阶段，教师开始关注自己的教学方法和策略，以及如何有效地应对各种教学情境。最后，关注学生阶段：这个阶段通常发生在教师职业生涯的中期到后期。在这个阶段，教师开始更加关注学生的需求和发展，关注如何帮助学生实现自己的潜力。他们可能会花费更多的时间和精力来了解学生、与学生交流，并提供个性化的指导和支持等。

（3）教师生涯发展阶段论则将教师生涯分为生存阶段、巩固阶段、更新阶段和成熟阶段四个阶段。在生存阶段，教师主要关注的是如何“生存”，即适应教学环境、教学对象和教学内容。在巩固阶段，教师已经基本适应了教学工作，开始关注如何“巩固”自己的教学成果，并尝试形成自己的教学风格。在更新阶段，教师已经具备了一定的教学经验，开始关注如何“更新”自己的知识和技能，以适应教育改革和发展的需要。在成熟阶段，教师已经成为教学骨干或学科带头人，开始关注如何“成熟”地发挥自己的专业特长，并帮助其他教师成长。

（4）教师专业发展阶段论则将教师专业发展分为新手阶段、熟练新手阶段、胜任型阶段、业务精干型阶段和专家型阶段五个阶段。在新手阶段，教师缺乏教学经验，需要不断学习和摸索。在熟练新手阶段，教师已经基本掌握教学技能，但还需要不断巩固和提升。在胜任型阶段，教师已经能够胜任教学工作，并开始关注自身的教学效果和教学质量。在业务精干型阶段，教师已经具备了丰富的教学经验和专业知识，并能够有效地将理论与实践相结合。在专家型阶段，教师已经成为学科领域的专家，能够为其他教师提供指导和帮助。

总而言之，这些理论都强调了教师在职业生涯中需要不断地学习和成长，以适应教育改革和发展的需要。同时，这些理论也指出了教师在不同阶段的关注点和需求，从而为教师专业发展和个人成长提供了指导和支持。

（四）组织变革的阻力理论

组织对变革的抵制是由其本质决定的，因为组织从本质来看是保守的，所以组织会自觉主动地抵制变革。

组织变革的阻力理论对抵制组织变革所产生的利弊进行了总结。阻力理论认为组织及其成员出于本能会抵制变革，对变革的抵制能成为具有功能方面意义的冲突起源。例如，组织成员对组织变革方案的抵制会引发对变革方案优缺点的有益讨论，使方案得到更充分的讨论，从而作出更科学合理的决策。

二、师资队伍建设的依据

师资队伍建设的依据主要包括以下几个方面。

第一，学校定位和办学理念：学校的定位和办学理念是师资队伍建设的根本依据。学校应根据自身的定位和办学理念，制订相应的师资队伍建设规划，以适应和引领教育创新的需要，从而为学生提供优质的教育教学服务。

第二，学科建设和专业需求：学科建设和专业需求是师资队伍建设的重要依据。学校应根据自身的学科建设和专业需求，制定相应的师资引进、培养和评价制度，以优化师资结构，并提高教育教学水平。

第三，教师个人发展需要：教师个人发展需要是师资队伍建设的内在依据。学校应关注教师的职业发展，提供良好的工作环境和条件，并鼓励教师参与科研、教学改革和社会服务，从而提升教师的综合素质和职业能力。

第四，学生全面发展的需要：学生全面发展的需要是师资队伍建设的外部依据。学校应关注学生的全面发展，并为每个学生提供适合的教育，以满足学生多样化的需求。同时，学校还应关注学生的职业规划和发展，为学生提供实践机会和就业指导。

第五，社会经济发展的需要：社会经济发展的需要是师资队伍建设的外部依据。学校应关注社会经济发展的趋势和需求，为社会发展提供智力支持和人才保障。同时，学校还应根据社会经济发展的需要，调整学科专业设置和人才培养模式。

总而言之，师资队伍建设需要根据学校定位、学科建设、教师发展、学生需求和社会经济需求等多方面因素进行综合考虑，以制订科学合理的规划和政策，从而推动师资队伍的健康发展和优化配置。

第三节 师资队伍人才培养模式解读

教育承担着实现中华民族伟大复兴的历史使命，而教师是教育之本、兴教之源，学校教育质量的高低主要取决于教师队伍建设水平，因此我国非常重视教师队伍的人才培养工作。由此可见，如何形成教师队伍人才培养模式的科学运行机制，并促进人才队伍建设，已成为学校发展的重要议题，且具有重要的现实意义。

一、师资队伍人才培养模式的构建

（一）师资队伍人才培养模式的目标任务

第一，推动教师队伍国际化。师资队伍的国际化建设起着优化师资队伍结构，汲取世界先进教学理念，促进国际文化交流，提高高等教育竞争力的作用。

第二，建立专业能力突出的教师队伍。建立专业能力突出的教师队伍，要求教师不仅要具备高水平的专业知识，还要具备先进的教学理念和教学手段。因此，教师需要在实践能力方面也有所发展，以确保学生能够适应产业需求。同时，在向应用型学校转型的过程中，教师队伍的人才培养模式应该注重目标的设定，要求专业教师积极学习，转变观念，以适应教育新形势的发展，注重理论与实践并重。

第三，建立创新型教师团队。创新是引领社会发展的重要动力。学校教师作为一股重要的科研力量，要在创新方面多给予重视，助力关键核心技术攻关工程，在重点产业领域取得一批科技创新成果，为产业升级和新兴产业的发展壮大助力，进而实现创新驱动发展战略的顺利实施。

（二）师资队伍人才培养模式的具体内容

1. 重视顶层设计，以理念引领人才培养模式

在教师队伍人才培养的顶层设计上，要用科学发展观和人才观统领全局，牢固树立人才资源是第一资源的观念，珍惜人才，服务人才。具体执行上，首先，必须树立以人为本的理念，并赋予教师话语权。调研不同类型教师的特点和潜能，注重个性化培养模式的制定，充分调动教师参与人才培养的外动力和内驱力。其次，要树立以社会需求为导向的理念。社会需要怎样的人才，在培训过程中就培训怎样的教师。培训内容要紧跟产业转型发展，紧跟技术创新升级，紧跟行业动态趋势。再次，要坚持终身学习的理念，使人才

培养模式立体化、全程化。设计与发展目标相匹配的专业课程体系、培训师资团队、教学方法、评估管理体系，通过职前培养、入职培训、在职研修、企业实践等多种形式的培养，服务教师的全程职业生涯，为教师终身学习保驾护航。最后，也是最重要的，要坚持师德为先的理念。教师承担着知识、思想、真理的传播，肩负着塑造灵魂、生命、新人的重任，所以建设一支有理想信念、忠诚教育事业、为国育才的教师队伍，是国富民强、民族复兴的重要基石。

2. 创新管理制度，寻求教师队伍结构调整

教师人事工作事关教师队伍建设发展全局，深化教师人事制度改革是实现教师队伍治理体系和治理能力现代化的根本举措。学校在人才培养中要探索形成中国特色的现代人事管理制度。坚持按需设岗、合同管理，破除论资排辈，建立能上能下、能进能出的灵活用人机制。在这样的机制下，可以加大国际性人才的引进和培养力度，打造国际化的学科团队；可以支持企业技术和管理人才到学校任教，探索现代学徒制，提升教师队伍中“双师型”教师的结构比例；可以通过重大项目，吸引留住高水平创新人才，努力促进优秀人才总量的增长，从而打造多层次、多样化的教师队伍。此外，高水平“双师型”师资队伍是教育人才培养质量的根本保证。因此，加快建设现代教育体系，“全面提高人才培养质量，对师资队伍建设提出了新的更高要求”①。

3. 加强以能力提升为核心，服务学生与社会

从职业层面来讲，无论哪一个学科的教师最终都要走入课堂，将知识内化、解析并通过合适的手段和方法传达给学生。在这一过程中，教学的理念、工具、组织形式的不同会造成知识传播效率的迥异。对教师人才培养，要以国内外访学研修、精品课、技能比武、信息化技术培训为核心，这也是以学生为中心，并服务学生的必需选择。从专业层面来讲，传统的教师培训往往侧重在教师理论学习和知识拓展，这对教师做科研有所裨益，但是教师发展中心一般技能实践型培训课程较少，一些跟课实习基地的实践往往流于形式，学校在人才培养模式中，应注意应用型人才的培养，通过跟师、企业顶岗、脱产培训等方式，促进教师实践能力的真正提升。此外，学校人才培养还应尽量安排

① 黄红焰．培养具有前沿视野“双师型”师资［J］．青春岁月：学术版，2012（4）：1.

学科及产业领域内的专家学者如两院院士、长江学者等将教师队伍人才带进学科团队、企业研发团队，这样既促进了创新型教师团队的形成，也加速了科技成果的转化，从而更好地服务产业发展。

4. 加强平台搭建，促进学习交流

教师队伍人才培养既要注重线上学习平台的搭建，又要提高教师在接受培训中知识和技能的易得性。通过信息化手段聚合优质课程资源可以打破地域限制，加强学校之间的合作，从而营造共享文化。目前随着人工智能、大数据技术的发展，一些学习平台在学习互动、跟踪执行、线上线下融合、学习档案评估等方面不断完善，进而实现了人才培养全过程的动态管理。在线下的人才培养中，学校也应重视开放式合作平台的搭建，多与国外知名院校、国内重点院校的重点学科、科技创新平台、重点科研基地、省级培训中心、孵化基地、知名企业等建立合作关系，积极对接“百千万人才工程”“高层次创造性人才计划”“创新人才推进计划”等国家人才培养项目。

二、师资队伍人才培养模式的运行机制

第一，加大扶持力度，强化教师队伍人才培养激励机制。高端人才作为社会的重要资源，除学校之外，备受科研机构、产业龙头企业等组织和机构的青睐。因此，学校应加大政策倾斜力度，为学术领头人、高技能人才、行业紧缺人才、新型复合型人才在职称评审上，开辟绿色通道或者破格评聘；在薪酬管理制度上，构建“固定工资 + 浮动工资 + 附加工资”的市场化薪酬结构；在福利待遇上，完善科研成果奖励办法，针对工作难度大或关键岗位建立专项奖金及津贴。积极探索减少人才流失的办法，避免形成边培养边流失的局面。

第二，鼓励持续的创新和能力水平的提升，积极推进发展性评价改革。科学的评价体系是对人才培养目标达成情况的检验，它能够帮助教师发现自身的不足，促进在科研、教学、应用能力等方面成长和发展。学校对教师的评价和考核体系，应与时俱进，建立教师能力培训和专业发展个人成长档案，将教师参加培训、研修、交流、网络学习等情况作为年度考核评价的重要内容，在职称评审、工资待遇、项目申报等工作中予以要求，并引导学校鼓励创新和学习风气的形成。

第三，加大教师队伍人才培养经费投入，提供良好条件保障。人才培养模式的构建是一个系统化、持续性的工作，需要学校在教学资源、平台建设、培训师资团队聘用、产教融合等方面做大量调研、开发、建设和完善工作。只有学校内部各部门、学校与政府、企业等合作方能统一协调、相互配合，并落实教学场地、实训基地、仪器设备、科研实验室、信息化学习和管理平台等基础条件，才能推动人才培养模式的顺利运行。根据学习培训的需要，学校应尽可能给予一定数额的科研及项目合作交流启动经费，并提供必要的资源和办公条件，进而帮助建立科研平台，支持和推动其尽快开展教学科研工作。

第二章 师资队伍人才的素养培养

第一节 人文素养与艺术素养

一、人文素养

“人文素养由人文知识、人文态度和人文精神构成。人文知识和人文态度是人文素养的基础，人文精神是人文素养的核心和灵魂”[①]。教师的人文素养就是教师所具有的人文知识、人文态度、人文精神及教师在日常活动中体现出来的思想、道德、情感、心理、性格和思维模式等方面的气质和修养。人文素养表现为教师在日常教学管理中对学生的尊重和对学生成长的关心，表现为教书育人的强烈责任感和使命感。此外，关心学生生存、促进学生发展是教师区别于其他社会角色的职业特征，也是教师人文素养的核心。

（一）人文素养的重要目标

第一，学习人文知识，掌握人文方法。首先，人文知识是教师人文素养的基本组成内容，包括：①历史知识；②哲学知识；③美学知识。其次，人文方法是人文思想中所蕴含的认识方法和实践方法。人文方法是教师人文知识、人文精神得以实现的手段，主要包括直觉、体验、内省。

第二，端正人文态度，遵循职业规范。态度是一种评价或情感反应，是一种心灵和神经的准备状态，对人们对于一定对象的反应起着指导性或能动性作用。可以将态度笼统地看成认知、情感和意动成分的复合体。人文态度

---

① 李聪睿，陈彩玲．教师素养新修炼 [M]．天津：天津教育出版社，2012：152.

是对某一特定的人、事物、观念的看法和采取的行动。教师必备的人文态度：教育教学中以学生为本，关注学生的人格发展；在课堂上要保持正向的、积极的、稳定的情绪状态；认同教师职业角色，主动遵循教师职业道德。

第三，塑造人文精神，做好人文教育。人文精神是指对人的生命存在和人的尊严、价值、意义的理解和把握，以及对价值理想或终极理想的执着追求。人文精神的核心内容主要是价值观。人文教育简单地说就是做人的教育。人文精神是现代教师人文素养的核心要素。现代教师的人文精神的基本内容和要求包括：确立现代教育观念；树立现代教师意识；具有强烈的教育使命感和责任心；对教育的理想不断追求；积极维护教育的公平和正义；以学生生存和发展为本；以宽容之心善待学生。它具体表现为敬业精神、奉献精神、创新精神、合作精神、慎独精神。

（二）人文素养培养的意义

第一，提升教师人文素养是实施素质教育的需要。素质教育是实施新课程背景下最具发展潜能的最先进的教育理念。素质教育的价值取向在于培养学生正确的世界观、人生观、价值观，并形成自学和研究性学习的习惯，以及培养学生的创新精神、创造能力和实践能力，为学生今后的发展奠定基础。这一切目标的实现，都依赖于教师知识的多元化、现代化和国际化，最终形成扎实而丰厚的知识底蕴。没有高素养的教师就不可能有真正的素质教育。教师的素养只能从持之以恒的人文素养修炼中来。

第二，提升教师人文素养是教师职业的需要。提升教师人文素养不仅是教师职业的需要，更是教师个人素质全面提升的重要途径。在教育领域，教师的人文素养和人格魅力对于学生的成长和发展具有至关重要的影响。教师作为学生成长过程中的重要引导者，其言传身教、人格魅力、人文素养等方面都会对学生产生深远的影响。人文素养是教师教育理念、教育方法、教育品质和教育情怀的综合体现，也是教师成为优秀教育工作者的必备素质。它不仅包括教师具备的学科知识、文化素养和教育理念，更包括教师的人格魅力、情感态度、价值观等方面的内涵。教师的人文素养和人格魅力在教书育人过程中有着不可取代的作用。首先，教师的人文素养可以影响学生的知识积累和思想启迪。一个具备深厚人文素养的教师能够以独特的方式向学生传递知识，同时能通过自己的言传身教影响学生的思想观念和价值观念。其次，教师的人格魅力可以吸引和感化学生，让学生产生敬仰和信任，从而更好地促进教育工作的开展。

第三，提升教师人文素养是教师专业成长的需要。教师的人文素养与人格魅力主要应包括专业知识、审美水平、语言表达能力、个性特长、行为习惯、仪表举止以及反映在教师思想道德、心理素质和人际交往等方面的气质和修养，它不局限于已有的专业知识水平，而注重教师专业发展的深刻内涵和发展后劲。因为这些知识对教师的成长和发展有着极为重要的作用，它要求教师尽可能成为多方面人才，在精通自己专业学科知识的同时，对其他知识都有所了解或把握，使自己成为一本内存极大的“百科全书”，并成为知识多元化的教师。教师的人文素养越扎实、越丰厚，适应新课程的能力就越强，其人格魅力和在学生中的亲和力就越强，教育成功的攀升力也越强。

（三）人文素养的实施原则

第一，传承扬弃原则。教师一定要重视中华优秀传统文化的学习，背靠五千年博大精深的中华文化，从中汲取营养，学会思考。唯有如此，教师才能远离平庸和浮躁，才能真正成为学生心理健康的维护者和精神生活的指导者，并体现出一定的文化涵养。

第二，乐观豁达原则。教师要热爱生活，兴趣广泛，性格豁达，头脑灵活，幽默风趣，反应机敏。在课堂上，只有当教师首先热情投入、真情流淌、激情四射的时候，师生之间才能进入以情传情、以心契心、以神会神的学习境界，使学生才能受到真正的熏陶和感染，才能体验到学习的魅力。

第三，艺术修身原则。艺术修身原则是一个非常重要的理念，它强调通过艺术来提高个人素养和陶冶情操。艺术修养是人文素养的重要组成部分，它不仅能够帮助人们更好地欣赏和理解艺术，还能够培养人们的审美观和创造力。虽然我们不必要求教师琴棋书画样样精通，但是他们至少应该具备一些基本功或鉴赏能力，这些基本功包括对艺术作品的欣赏能力、对艺术史的了解、对艺术技巧的初步认识等，这些能力不仅可以帮助教师更好地教授学生，还可以让他们在日常生活中更好地运用艺术来修身养性。此外，教师作为学生的榜样和引领者，他们的艺术修养也会对学生产生积极的影响。当教师展示出对艺术的热爱和欣赏时，学生也会更加积极地接触和探索艺术，从而有助于提高他们的人文素养和全面发展。

第四，潜移默化原则。“人文”是潜移默化的、长远的、隐性的内容。一方面，教师的人文素养的修炼不仅要有目标、方法，更重要的是在潜移默化中形成，不要以为读一部名著，看一部电影就大功告成了；另一方面，教师在向学生传授知识和技能的同时，还扮演着渗透人格教育的重要角色。教师在教学活动中展现的科学精神、知识修养、道德风范、生活态度、行为习惯等人文素养，无不潜移默化地影响着学生。

（四）人文素养修炼的策略

第一，学会做人，率先垂范。作为教师，我们不仅要关注学生的学术成绩，更要注重培养他们的人文素养。人文素养是一个人的内在品质，包括道德、文化、艺术等多个方面。教育的目的之一就是教会学生如何做人，如何成为一个有良好品德、有责任感、有担当的人。因此，教师首先要以身作则，率先垂范，用自己的言行举止来影响和教导学生。只有具备了良好的人文素养，才能更好地适应社会的发展和变化，进而成为有用之才。

第二，学会做事，实事求是。时代的发展要求我们必须学会做事。做事要实事求是，这是我们必须遵守的原则。在工作中，我们要认真负责，用心去做每一件事情。同时，我们还要学会创新，不断探索新的方法和思路，并提高工作效率和质量。只有掌握了做事的技巧和方法，才能更好地应对各种挑战和任务。学会立刻行动、先做最重要的事情、控制自己的情绪等都是非常重要的技巧。只有掌握了这些技巧，才能更好地应对工作和生活中的各种问题。

第三，学会包容，开阔胸襟。包容他人是一种高尚的觉悟，同时也是我们肩负的重要责任。特别是作为教师，我们应当将包容他人视为自己的职责所在，以宽广的胸怀和深沉的热爱关注教育事业。包容他人不仅仅是一种无私奉献的精神，更是一种内在的修养和智慧。只有胸怀坦荡、舍利取义的人，才能在矛盾面前展现出大公无私的一面。

第四，努力学习，厚实底蕴。提升教师的文化素养，最为关键的途径是学习。学习不仅包括向书本学习，还要向生活、大自然和孩子们学习，这种学习方式并非显性的培训和灌输，而是隐性的、浸润式的滋长和孕育。为了提升教师的文化素养，我们应该为教师提供更多的思想和空间，从而让他们沉浸在文化的氛围中。

第五，积淀本土文化底蕴，增强实力。本土文化是教师成长的重要基石，它承载了一个国家或地区的文化传统和历史传承，并积淀了一定的本土文化底蕴，所以教师要能够更好地理解和传授本土文化知识，从而更好地为教育事业作出贡献。同时，增强本土竞争实力也是教师成长的重要目标之一。通过积累本土文化底蕴，教师可以更好地了解本土社会和市场需求，从而更好地适应教育改革和发展的趋势，并提高教育质量和效益。因此，积淀一定的本土文化底蕴是教师成长的基础，也是增强本土竞争实力的需要。

第六，拜访名师，学在身边。名师有两类：一类是全国非常有名的教师；另一类是在一定区域有名的教师。每个学校都有一部分优秀的教师，他们是学校的骨干力量，这些优秀的教师就在我们身边。我们可以多观摩他们的课，同学科的、跨学科的，同年级的、跨年级的，与他们多交流、探讨，学习他们之长，补己之短。利用身边的资源，挖掘自身的潜能，去发展自我、提高自我、超越自我，同样会取得辉煌的成就。

第七，在人文课堂躬行实践。人文素养的培育不能只停留在理论的理解和观念的确立上，而要在教育教学活动中，在与学校生活、学生生活的互动中切身体验，在人文课堂上实践，才能真正活跃起来，从而内化为自己的修养，并形成自己的教学特色和风格。

二、艺术素养

艺术素养[①]的核心是“立美”，它与科学精神、人文精神一起，履行教育“求真、向善、立美”的神圣职责，以及追求对人类本质和终极价值的关怀。

（一）艺术素养的重要目标

第一，具备一定的艺术知识，努力形成多种艺术技能。一是绘画知识技能。具备相关的绘画知识、欣赏水平、认知能力；能够动手画有一定水平（水平不一定很高，但要经过一定的训练，合乎绘画的规范与技能要求）的画，并对绘画的意蕴、技法和风格有不同于一般人的认识和理解，不仅能够满足学生的好奇与教学需要，而且平时也可以为装点、布置学校环境发挥作用。二是音乐知识技能。具备相关的音乐知识、欣赏水平、认知能力；能够使教师自身对音乐的体验、诠释更具生动性，也能使其在审美教育过程中更合乎音乐规律地组织学生开展音乐审美活动。三是舞蹈知识技能。具备相关的舞

① 艺术素养是指一个人的艺术知识和技能的状况和水平，包括艺术知识与技能、艺术学习与研究的过程及方式方法、艺术精神三个方面。

蹈知识、欣赏水平、认知能力；提高形体素质，加强形体可塑性，平时自觉训练形体，并纠正错误姿态、调整肌肉、加强动作的准确性，从而提高自身的气质；加强舞蹈艺术意识，特别是舞蹈艺术的生命意识，认识到舞蹈艺术本质所表现的是对于生命和生命幸福的向往和祈祷；能够组织学生开展舞蹈活动。

第二，具备较强的审美能力，能够在教育教学中有效地开展审美活动。一是审美感知。审美感知是对事物形式特征的整体把握，是将杂乱无章的对象形式改造成一定的形式、一定的结构完形。能够敏锐把握教育中美好的事物，善于从最不显眼最细微的小事中感受美的魅力，包括对学生美的感知、对学科教学美的感知、对教育过程美的感知。二是审美想象。审美想象是审美主体所具有的能使审美活动顺利展开的一项重要的能力，又叫审美想象力。三是审美情感。审美情感是客观对象与主体需要所产生的一定态度的体验，随着认识的过程而发展变化。能够用热情体验生命的律动，以饱满的热情投入教学中，使学生感受到教师对事业、对学生的热爱之情。四是鉴赏能力。鉴赏能力是人们对艺术作品的鉴别、欣赏的能力。鉴赏能力是多种能力的综合，其中知觉能力、想象能力、领悟能力、回味能力等在鉴赏中具有特别重要的作用，因而需要在鉴赏中着力培养。

第三，努力增加生活情趣，积极体会艺术享受。艺术具有享受和娱乐的价值。注意艺术修养，丰富自己的精神生活，得到更多的更高尚的艺术享受，从而增强对生活的感情，并使自己在师生中的形象更加丰满、更富有人情味、更能够和师生融合在一起。

第四，树立起人性求上、求知、求真、求创、求美、求自主的新型教学艺术观。“求上”或称“人性上”，指人性向上，以人为本。“求知”指力求了解客观存在“是什么”。“求真”指力求了解客观存在“为什么”。“求创”指力求创造，即创新、发现、发明。“求美”指力求美丽、优美。“求自主”指力求独立自主。

（二）艺术素养培养的意义

第一，提升艺术素养是成为好教师的重要因素。教师普遍具备基本的艺术素养，然而提高艺术素养的关键在于积极参与社会实践、接受培养教育和自我修养。尽管相同专业的人员接受相同的培养和教育，但最终的成就因人而异，这正是个人素养差异所造成的。因此，加强艺术素养对于能否成为优秀的教师、成为何种类型的优秀教师以及能否永远保持优秀教师的地位都具有重要的意义。

第二，艺术素养的修炼影响着教师个人教学艺术风格的形成。教学风格是在达到相同的教学目的的前提下，教师根据各自的特长经常所采用的教学方式方法的特点，是教师的能力和性格的多样性的反映。所谓教学艺术风格，是指教师在长期教学艺术实践中逐步形成的、富有成效的一贯的教学观点、教学技巧和教学作风的独特结合和表现，是教学艺术个性化的稳定状态之标志。教师因其生活阅历、思想性格、审美趣味、艺术才能及文化素养不同，其教学艺术风格也就不同。而生活阅历、思想性格、审美趣味、艺术才能及文化素养同属于艺术素养范畴。艺术风格包括个人风格、时代风格和民族风格，而个人风格受艺术素养的影响最大。艺术素养不同，其风格各异。相同的教学内容，因为个人艺术素养不同会形成不同的教学艺术风格。

第三，教师的艺术素养在一定程度上影响着教学质量的好坏。教学本身既是科学，又是艺术。高水平的教学应当是科学性和艺术性的有机结合。教师的知识面广，艺术素养高，在课堂教学中，不仅能使学生获取自然、社会、思维领域的规律性知识，还可以给人以艺术方面的启迪、美的享受，教师的影响就能更多地渗透学生生活的一切领域中去，从而提高教学质量。

（三）艺术素养的实施原则

第一，积极发现原则。积极发现是指教师应该积极培养发现美的能力，这种美既包括艺术美，也包括教育美。如果教师不能及时发现问题，那么问题就会不断积累，最终影响到学生的学习情绪和教学效果。因此，一个优秀的教师必须具备良好的问题意识，能够及时发现问题并采取有效的措施解决问题。只有这样，才能真正成为教育教学的高手、能手、好手。

第二，注重欣赏原则。艺术欣赏是艺术反作用于现实的关键环节。艺术活动包括艺术创造和艺术欣赏两个相互关联、相互制约的方面。教师需要注重提高艺术欣赏能力，同时要关注审美能力和审美趣味的提升。

第三，充分感悟原则。充分感悟是指我们在学习和生活中要充分感悟和体会各种经验和知识，从而更好地理解和掌握它们。充分感悟原则强调了感悟在人类认知和成长中的重要性，因为只有通过深入感悟，我们才能真正理解并掌握所学的知识和经验。在实践中，充分感悟原则可以应用于各个领域。例如，在学术学习中，学生应该充分感悟老师所讲解的知识和理论，从而更好地理解和掌握课程内容。在职业生涯中，员工应该充分感悟工作中的经验和教训，从而更好地完成工作任务和提高工作效率。此外，充分感悟原则还可以帮助我们更好地处理生活中的问题。当我们面临困难和挑战时，我们应该充分感悟自己的情感和体验，从而更好地了解自己的需求和目标。同时，我们还可以从他人的经历和故事中感悟到不同的生活态度和价值观，从而更好地认识自己和他人。

第四，借鉴创造原则。借鉴创造原则是指通过借鉴已有的知识和经验，结合实际需求进行创新和创造的原则。借鉴创造原则不仅可以帮助我们更加高效地进行创造和创新，还可以帮助我们更好地理解和应用已有的知识与经验。通过借鉴已有的成果和经验，我们可以更好地理解前人的思路和方法，从而更好地应用这些思路和方法来解决实际问题。总而言之，借鉴创造原则是一种非常重要的创新方法，可以帮助我们更加高效地进行创造和创新，同时避免一些错误和浪费。在实践中，我们应该积极运用这一原则，结合实际需求进行创新和创造，从而推动人类社会的进步和发展。

（四）艺术素养修炼的策略

第一，骨干带动，团体学习。教师艺术素养的修炼可以借助骨干教师的带动，在以点带面的基础上形成团体学习。在一个团体中，大家都认真参与。当团体真正在学习的时候，不仅团体整体产生出色的成果，而且个别成员成长的速度也比其他的学习方式快。团体学习的修炼从“深度会谈”开始。“深度会谈”是一个团体的所有成员摊出心中的假设，而进入真正一起思考的过程。团体学习之所以非常重要，是因为在现代组织中，学习的基本单位是团体而不是个人。

第二，活跃身心，自我超越。做一名合格的教师，关键在于能认识自我，并超越自我。人是承载社会运动的主体，而个人、自我不过在实现着这一历史使命，这种使命决定了人的本性：只有摆脱了外物的支配、内在的盲目，才能解放人自身。人的历史发展也如此，它不是一味地按照自发的愿望来行事，而是要求自觉地改造自己，按照必然的归宿来改造自己。

第三，树立艺术理念，培植艺术情怀。艺术能够给予人的，并不仅仅是艺术本身。除让人感受美、享受美并从中得到快乐和满足外，艺术还可以陶冶情操、增加修养，甚至促使我们热爱生活，并在无形中培养一种美好的气质和情操。有些艺术门类，如舞蹈，更是可以达到内外、身心兼修的效果，为学习者增添活力和自信。当教师吸收了艺术所给予的种种养分后，所呈现出的状态和散发出的魅力自然也会感染到学生。

第四，提升艺术素养，加强实践。当代教师的职业发展与角色变化要求每个教师必须与学生一起，实现艺术审美的、辅德益智的价值与功能。拥有良好的艺术素养，不仅能提升自身对教育的艺术再现能力，还能在教学艺术实践中提升人生境界，从而获得幸福人生。

第五，读万卷书，充实理论。艺术天赋具有先天性，但任何人的艺术修养都是在后天的学习和实践中逐步培养和提升的。通过阅读大量的书籍，可以深入了解各种艺术形式和理论，从而丰富自己的艺术知识和修养。同时，阅读还可以提高对艺术作品的鉴赏力和理解力，并更好地欣赏和评价各种艺术作品。因此，对于想要提高自己的艺术修养的人而言，不断地学习和阅读是必不可少的。

第六，重视艺术课堂，全面提升教学质量。艺术课堂是培养学生审美观念和艺术素养的重要途径，对于学校教育具有不可忽视的作用。同时，艺术课堂也是教师提升自身艺术素养的重要渠道，无论是艺术教师还是非艺术教师，都可以通过观摩、学习艺术，进而拓展自身的教学视野和教学方法。

第二节 师德素养与教育创新素养

一、师德素养

师德素养[①]既是教师人格特质化的品德，也是教师教育实践性凝聚而成的品质。师德素养是内在的，不是指教师某种与生俱来的素质，而是通过后天实践中获得的职业角色品质，并需要在教师的教育实践中形成。换言之，师德素养是教师能从教育实践中获得的并有益于学生高素质追求与发展及教师的整体生活品质提高等内在利益的必需品质。

① 师德素养，也即教师德行，是指教师在教育教学过程中不断修养而形成的一种获得性的内在精神品质。

（一）师德素养的重要目标

第一，具有依法执教的基本自律，能严格规范教育行为。教师的教育教学活动，做到知法、守法和不违法，以及用相关的法律法规来指导与规范自己的教育教学实践。

第二，具有团结协作的强烈意识，重视协调各方教育作用。从现代学校教育来看，任何一个学生的发展，都不仅仅是不同科目、不同学龄阶段许多教师共同教育影响的结果，而且是学校、家庭、社会和学生本人长时间共同努力的结果。教师的劳动特点，要求教师除个人努力学习、积极工作之外，还应该具有与同事、家长、学生及相关人员团结协作的强烈意识，并注意协调学校、家庭、社会与学生本人的教育作用。

第三，具有精业乐业的勇敢追求、事有所成的不懈努力。精业乐业，指教师对教育工作严格细致、精益求精，并能享受教育工作从中获得人生乐趣。它既是一种积极的职业态度，也是师德素养的重要组成部分。从精业乐业的内在要求来看，它需要广大教师脚踏实地地努力和奋斗。除此之外，精业乐业还需要严谨的工作态度和踏实的工作作风，也就是教师在生活、工作和学习的过程中养成认真负责的良好习惯，要对工作脚踏实地、精益求精。同时要做到事有所成、学有所精、教有所乐，并且善于、精于、乐于从事教师这一神圣的职业。

（二）师德素养培养的意义

1. 重视学生高素质追求，促进学生健康成长

教师的教育和引导，能帮助学生提高道德认识，从而形成正确的意识；教师在与学生的交往中所表现出来的责任感、事业心和甘于奉献、积极向上的品质能在学生身上产生积极的激励作用，并给学生以正确的人生价值引领；教师内在的成就感、尊严感和荣誉感等可以在潜移默化中影响学生的内在品质，对学生的人生观和价值观的形成产生重要的影响；教师在教书育人和教改教研等过程中表现出的知识水平、文化水准、专业精神和敬业精神对学生未来的职业品质的形成也有着直接的影响。此外，师德素养本身就是一种巨大的教育力量，它直接影响着学校的人才培养质量与办学水平，并直接关系到学生高素质的追求与实现。

2. 加强教师自我完善动力，促进良好人格发展

（1）师德素养可以增强教师教书育人的责任意识。师德素养内涵中包含着对事业信仰的追求，对社会的贡献及自我完善的能力。教师只有增强责任意识，全身心地投入教育和培养学生的工作中去，才能很好地完成教书育人使命。

（2）师德可以促使教师自律精神的培养和发扬。教师职业的特殊性决定了社会对职业行为的高要求，这使教师始终处于为人师表的要求下，易于形成教师强烈自尊、自重、自爱，进而以更高的理想人格形成自律，这种自律精神使教师不断加强学习，以及为获取最佳的教育效果而不懈努力。

（3）师德素养是教师追求自身完善的内在动力。良好的师德素养可以使教师更深刻地感受到从事教师事业的乐趣，从而产生不断推动他们从事教育工作的动力，不断发展、充实和完善自己，促进他们理想人格的形成。

（4）师德素养有利于教师人生价值的体现。一个具有良好师德素养的教师，会真诚关心社会和学生发展，并表现为，为了实现学生的真正成长而不断更新自己的观念和能力，使其能更好地完成角色所赋予的责任和使命，从而使人生价值得以更好地体现。

3. 实施利于师德统领策略，解决教育实践问题

师德在教学活动中发挥着重要的作用，它是有效完成各种教育策略的保障。同时，师德素养本身就是最高、最有效的教育策略之一。在教育领域，师德被视为一种重要的价值观和行为准则，它不仅影响着教师的工作态度和教学方法，还直接关系到学生的学习效果和成长。

师德素养是教师必备的素质之一，它不仅要求教师具备高尚的道德品质和教育素养，还包括对教育工作的热爱、对学生的关心和尊重，以及在教育教学活动中表现出的责任心和敬业精神。这些素质和品质对于教师的工作至关重要，它们可以激发教师的教育热情和创造力，从而提高教学效果和教育质量。

在教育实践中，教师需要运用各种策略来解决学生面临的问题，这些策略不仅包括教学方法和技巧，还包括如何处理学生的情感和心理问题、如何帮助学生建立正确的价值观和生活态度。而师德素养正是这些策略有效实施的重要保障。

总而言之，通过加强师德建设，提高教师的道德素质，可以更好地发挥

统领策略的作用，并推动教育工作的顺利开展。同时，师德素养本身即最高的、最有效的教育策略之一，它对学生的成长和社会的进步都具有重要的意义。

4. 推进精神文明建设，形成社会道德风尚优化

教师的师德的作用不仅限于学校，而且对良好的社会道德风尚的形成与进步也起到促进作用。

（1）教师通过培养人才影响着区域精神文明建设。教师的教育影响青少年学生的心灵、塑造着他们的性格和品质，并且这种影响不仅体现于在校期间，而且可能对学生的终生产生深刻影响。而且随着一批批学生走向社会，教师的道德影响也会波及整个社会的各个层次，进而影响着整个社会道德风尚的形成。

（2）通过各种社会活动直接影响区域精神文明建设。教师职业“学高为师，身正为范”的特点使师德在道德意识上比其他行业的职业道德要求有更高的水准。作为区域社会高素质群体，教师的思想、行为将越来越多地直接作用于社会。在社区生活以及其他社会生活中，蕴藏在教师内心深处的道德原则和道德习惯，使教师成为精神文明和文化建设的倡导者和推行者，并促进社会道德风尚的改变，以及对精神文明建设起到积极的推动作用。

（三）师德素养的实施原则

第一，先进性原则。从修炼的目标来看，师德素养修炼应该具有先进性，也即有对崇高师德的追求。道德，即便一般道德规范也是不同于经济生活的法则，道德以利已为博弈的基本规则，修炼则以限制自已的利益方式，甚至用利他主义的超越性原则处理人际关系。因此，讲道德就意味着过高尚的生活。没有生活的理想性、超越性，也就没有道德生活本身。教师是人类灵魂的工程师，其专业道德的基本要求应该在一般社会道德水平之上，这不仅是社会大众的期待，而且是职业特点的要求使然。教师之所以受人尊敬，第一原因乃在于教师职业的精神性、高尚性。

第二，公平性原则。从修炼的指导思想来看，师德素养修炼应该具有公平性，换言之，教师在追求先进的过程中，不应该只是一味地牺牲自己以求达到更高的标准，而是应该在公平的基础上追求崇高的道德境界。这意味着教师应该以公正的态度对待每一位学生，不偏袒任何一方，不歧视任何一个人，

而是以平等、公正的方式处理学生之间的问题。只有这样，才能真正实现师德素养的公平性原则。

第三，自觉性原则。从修炼的主体来看，师德素养修炼应该具有自觉性，换言之，教师需要真正理解、主动接纳和自觉实践外在的教师道德规范，只有这样，才能将外在的教师道德真正地内化为自己的德行。这意味着教师需要对自己的职业责任有深刻的认识，对教育使命有深入的理解，并在此基础上自觉地遵守职业道德规范。只有这样，才能真正实现师德素养的自觉性原则。

第四，实践性原则。从修炼的途径来看，师德素养修炼应该具有实践性原则，也即师德素养不是教师与生俱来的素质，而是一种通过后天实践中获得的职业角色品质。人的思想品德，在活动与交往中形成，又在活动和交往中得以表现与强化，所以这一客观规律同样适用于师德素养修炼的过程。

（四）师德素养修炼的策略

第一，结合实践，日常锤炼。师德素养是教师教育实践性凝聚而成的品质，它决定了师德素养修炼应与自身的日常教育实践相结合，而脱离教育实践的师德修炼难以深入心灵，更难以激起内在的道德需要。所以，师德素养的修炼不是专门通过某个项目或某个时间段就能完成的，而是一个在长期的日常教育生活实践中逐渐形成的过程。尽管教师师德素养修炼的途径众多，但是都不能代替教师在学校教育教学场景中的日常专业实践。教师的许多优良品质是在教育实践中形成与发展的，专业道德规范只有在教育教学专业实践中才能内化为教师的专业品质。因此，师德素养的修炼要与日常的教育实践紧密结合，在教育实践过程中，通过对道德现象、道德问题，甚至是道德冲突的认识、解释与诠释来提高师德修养与能力。教师的教育实践是师德形成的必要条件，同时又是师德修炼的出发点与归宿。

第二，自主自觉，善于反思。反思就是用批判和审视的眼光，多角度地观察、分析、反省自己的思想、观念和行为，并作出理性的判断和选择的过程。教师将自己的教育实践过程作为反思的对象，思索复杂的教学背景和教学过程中的专业伦理问题，通过自我观察、自我体验、自我反思，以达到自我净化、自我提高、自我革新与自我完善。反思对教师师德素养修炼具有重要意义，因为师德素养的变化来自教师的内心，所以它的改变过程必须是修炼者自主自觉地改变的过程。

第三，专业发展，修炼载体。教育专业化水平的自主提升已成为当今师德内涵中不可或缺的重要内容。作为教师，绝不能仅满足于每天的教学工作，而忽视所教授内容的正确性。此外，教师应具备积极进取的科学精神和对自身修养的追求，通过不断加强自我修养、探求新知、展现人类宝贵的思想精华和知识技能。在教育工作中，教师不仅应学习和掌握已有的知识和经验，还要不断扩大视野、吸收新鲜知识、探求新鲜事物、探索规律、提出新见解、创造新经验。同时，鉴于科学本身的严谨性和规律性，教师不容许自己有丝毫的懈怠和疏忽。因此，教师在自觉专业发展的同时，也修炼了自己的品行和提升了自身修养。师德素养修炼不能撇开专业发展而单独发展，必须依附在专业发展这一载体上，才能使师德素养具有意义和生命力。

第四，体验幸福，持久动力。师德素养的养成，不仅仅局限于教师职业所带来的利他性价值，更应重视其对于教师自身所具有的内在价值，即教师自身所感受到的专业尊严和幸福感。教师并非简单的“奉献”者，他们不应被视为仅仅为了学生而毫无保留地付出一切的工具。相反，教师所从事的创造性职业本身就具有实现个人价值的特质。只有充分认识到这一点，我们才能避免师德教育走向偏差、效果不佳，以及教师对师德修养问题缺乏兴趣和产生负面情绪的情况。因此，教师应将职业视为满足物质和精神需要的双重手段，而不仅仅是一种给予和付出的心灵满足。在培养社会所需人才和促进学生长远发展的过程中，教师应坚信自己的创造性劳动能够实现自我发展和完善。只有这样，教师才能充分体验到来自职业的利他价值和利己价值，尤其不能忽视后者所带来的专业尊严感和幸福感。只有这样，才能为师德素养的修炼提供持久的内驱力。

二、教育创新素养

教育创新是指为实现一定的教育目标，在教育领域进行的创新活动。教育创新应涉及教育的所有领域，具体应包括教育思想观念创新，教育体制创新，教育目标创新，教育内容创新，教育方法手段、途径创新，教师队伍创新，教育环境创新等。教师教育创新素养是指教师要具有进行教育创新必备的创新精神、创新意识和创新能力。

（一）教育创新素养的重要目标

第一，正确理解创新教育与创造教育、创新教育与素质教育及创新教育与教育创新的关系。首先，创造教育是指培养人创造能力的教育，而创新教育是指培养人创新素质的教育。创新素质中包含了创造能力，所以创新教育包含了创造教育。其次，素质教育包含着创新教育。素质教育是培养和提高受教育者各方面素质的教育。素质包括思想道德素质、科学文化素质、生理素质、心理素质和创新素质等。创新素质是构成人的各方面素质的重要组成部分之一。创新教育是培养人的创新素质的教育活动。所以，从概念范围上来看，素质教育包含创新教育。最后，实施创新教育是教育领域的一场全面而深刻的大变革，只有全方位地进行教育创新，才能真正实施创新教育，进而实现创新教育的目标。

第二，培育创新精神，培养创新能力。首先，创新精神属于科学精神和科学思想范畴，是进行创新活动必须具备的一些心理特征，包括强烈的进取心、旺盛的求知欲、高度的坚持力、坚定的自主性等；其次，创新能力是运用知识和理论，在科学、教育、艺术、技术和各种实践活动领域中不断提供具有经济价值、社会价值、生态价值、教育价值的新思想、新理论、新方法和新发明的能力，包括敏锐性、观察力、思维力、意志力、操作力等内容。具有一定的创新能力是进行创新活动的基础。

第三，切实做到三大转变，树立创新教育观念。一是要做到三大转变：①教育发展观的转变；②教育质量观的转变；③教育课程观的转变。二是创新教育观的基本内涵包括如下几点。①在教育目标上，改变培养学生高分的目标为培养学生具有创造性和创造能力的目标。②在师生关系上，建立合作、开放、真诚、平等、共融的密切关系。③在教学方法上，重视学习过程、重视学习思路。变“灌输式”教学为“启发式”教学，变信息单向输导为以学生为主体的信息多向输导；变严守纪律、“我讲你听”的课堂气氛为生动活泼、积极思考的课堂气氛。④在课程教学上，不单要重视学科课程，更要重视兴趣小组的组织和第二课堂的开展，重视学生实践动手能力的训练和兴趣爱好的培养，发展学生的个性特长。⑤在教育评价上，注重知识与能力并重、注重书面考试成绩与实践操作能力并重、注重全面素质与个性特长并重。

第四，掌握创新的课堂教学策略，遵循教学规律，优化教学方法。常用的创新教学策略主要有五个方面。①情感策略。在教学中特别注重创新意识的培养，进而激发学生的创新欲望；能加强对学生的情感教育，促进和提高学生情感智慧的发展。②环境策略。努力创设一种“以人为本”、以学生为中心的课堂环境，营造一种尊重学生的观点、问题，鼓励学生提问、概括、假设和陈述的课堂氛围，并高度鼓励和评价学生的积极参与。③方法策略。教学过程中要强调发现知识的过程，并创造性解决问题的方法，从而加强创新思维方法和技巧的训练，而不是简单地介绍其结果。④知识策略。教学时既能引导学生加强各知识点之间的联系，创造性归纳和综合，又能引导学生运用创新方法去构建知识结构，形成知识网络，进而提高分析问题和解决问题的能力。⑤评价策略。评价更多的是着眼未来，以改善教学过程和提高教学质量为目的。

第五，具有较强的教研能力，以教研促进教育创新。积极参与教育科研，提高自身的研究能力和教学业务水平，主要包括三个方面。①发现问题的能力。勤于思考，善于发现问题，勤于动手去解决问题。②选题定向、收集资料的能力。能多角度选题，确立研究课题。广泛阅读，详细占有原始资料。③写作能力。根据教师的教学实践进行有创见的科学研究，并从一个教书匠发展成为教育家。

（二）教育创新素养培养的意义

第一，有利于教师提升教育理论水平，创造出教育的新模式和新途径。教育创新以其具体、灵活和实用的特性，满足了复杂教育过程的需求，并成为教育进步的必要条件。在这个过程中，教师需要时刻面对新的挑战和问题，只有通过持续学习并提升教育理论水平，才能创造出新的教育模式和途径，从而解决教育事业发展中的问题，并开创教育的新局面。

第二，促使每个教师开展具体的教育创新行动，促进教育改革的成功实施。教育创新是一个复杂的系统工程，包括诸多内容，必须整体实施，全面推进，这就要求教师必须根据当时当地的具体情况，合理地越出政策和计划所规定的边界，开展具体的教育创新行动，包括教育观念、教育思想、教育制度、教育内容、教育方法等方面的创新，进而推动教育理论和教育改革不断发展和深化，并促进教育改革的成功实施。

第三，推动教师在修炼过程中真正把创新教育落到实处。创新教育把素质教育推向了一个新的台阶，创新教育是素质教育的灵魂、核心。教育创新是贯彻落实创新教育的有效途径。教师在教育创新素养修炼过程中，不仅要在学科教学中培养学生的创新精神和创新能力，而且要通过培育适宜创新的基本原理以及多种多样的有效创新路径，才能真正把创新教育落到实处。

（三）教育创新素养实施的原则

第一，主体性原则。所谓主体性原则，一般而言就是承认、重视并坚持主体在实践和认识活动中的地位和作用的原则，它的核心是突出人的主体性，这种主体性主要包括能动性、自主性、意识性、选择性、实践性和创造性。教师通过主体性原则的引导，可以获得更多更大的自由，且创新而全面地发展。

第二，新颖性原则。创新的一个重要特点就是超前性和新颖性。为了让学生掌握最新的知识内容，教师需了解世界最新发展动态，使自己的知识层次和结构与世界发展先进水平趋于同步，这样才可能在现有水平的基础上有所突破和创新。因此，教育内容为满足这一要求，应体现出时代性、开放性与全面性的特点。教学方法要注重对学生的开导以及培养学生的独立性。

第三，价值性原则。“价值”是“创新”的归宿与源泉。创新必须有学术影响，或作出经济社会效益。学术价值或社会价值是评价创新成果的终点，同时是产生创新性成果的起点。创新成果评价，从静态意义上说，创新始于科学终于价值；从动态意义上来看，则创新始于价值又终于价值。广义的创新如此，教师的教育创新工作也是如此。

第四，激励性原则。创新需要激励，包括教师个体的自我激励和教师团队的激励。自我激励是教师把自己看成“自我实现的人”，成为一个具有自我驾驭和自我革新能力的“自组织”。团队的激励是教师建立学习创新型组织，大家通过不断的共同学习，突破自己的能力上限，创造真心向往的结果，培养全新、前瞻而开阔的思维方式，从而全力实现共同的理想。

教师的自我激励状态在很大程度上是他在某一时段上的表现，而长期的激励效应还得依赖于团队本身的发展。反之，激励性团队的发展也依赖于其成员的发展，从而形成一种团队与个人之间相互促进，共同发展，相辅相成，并不断超越的良性循环状态。

（四）教育创新素养修炼的策略

第一，强化意识，燃烧激情。要进行创新，必须有创新的意识。所谓创新意识就是对创新的渴望——使人们重视创新、推崇创新，认为创新有最高的价值从而把自己的活动指向创新的观念。对事业的热爱，由热爱而产生的奋斗、探求所导致的激情对创新意识的确立有着决定性的作用。

第二，厚实知识，培养能力。雄厚的科学知识是作出科学怀疑的基础，这要求教师不断学习以充实自己在所研究的领域具备充分的科学知识。只有不断积累知识，教师才能在面对各种问题时作出合理的怀疑，并运用科学的方法去寻求答案。通过持续的学习，教师可以更好地掌握科学的本质，从而更好地引导学生探索问题、解决问题。

第三，学会思维，常思常练。思维是人的特点，人是在思维指导下去活动的，因而创新思维是创新活动的核心。创新思维与一般思维比较主要有这样一些特性：①思维形式具有反常性；②思维过程的综合性；③思维空间（思维框架）的开放性；④思维成果的独创性。教师要学一点创造学，并学会创新思维。

第四，课堂创新，发展个性。课堂教学的变革性实践是个性化教师生成发展的原点。教育创新不是空中楼阁式的随意臆想，教师的授课方式、引导技巧、教学过程要体现新意，必须在实际的课堂教学中把握教育契机，并创造教育契机，点燃学生“创新”的火花的同时修正提高，发展个性。

第五，教学监控，调节校正。所谓教师教学监控能力，是指教师为了保证教学的成功，并达到预期的教学目标，而在教学的全过程中，将教学活动本身作为意识的对象，不断地对其进行积极、主动地计划、检查、评价、反馈、控制和调节的能力。这种能力主要可分为三个方面：①教师对自己的教学活动的事先计划和安排；②教师对自己实际教学活动进行有意识的检查、评价和反馈；③教师对自己的教学活动进行调节、校正和有意识地自我控制。由于教学活动极其复杂，包括的方面和涉及的因素也多种多样，所以教师的教学监控能力不仅仅指教学机制，更具有多方面的内容和多样化的表现。

第三节 学科专业与教学技能素养

一、学科专业素养

学科专业素养是指以学科知识为载体，以概念理解和问题解决的思想为主线逐渐发展起来的一个体系，包括科学的学科观和学科教育观，对学科基础知识、基本技能和基本思想、基本活动经验的深刻理解，对学科核心内容的准确把握，对学科发展脉络的清晰认识，以及积极的学科情感和较强的学科能力。

（一）学科专业素养的重要目标

1. 领悟学科本质与教育宗旨，拥有科学学科观与学科教育观

学科观是指一个人对学科及其本质的基本看法和认识，是个体对学科内涵的理解，是哲学观、价值观等在学科上的具体体现，是统领学科活动的宗旨性的内容，具有方向性、策略性的功能。正所谓"观念决定行为，行为决定效果"，每一位教师内心都存在自己认可的学科观，这种观念或隐或显，因人而异，它影响甚至决定教师从事学科教学的具体行为及其效果。

科学的学科教育观包括学科教学观、学科学习观、学科质量评价观等。树立科学的学科教育观不可能一蹴而就，需深层次地解决传统教学与现代教学在教育思想、观念、教学策略、教学手段、评价机制及教师素质结构等方面的差异。虽说难以用简单语言阐述学科教育观，但是学科教育应肩负提升学生的智慧水平毋庸置疑，学科教学应通过引导学生再创造实现智慧挑战。只有在博览群书的基础上，不断地体验创造，并积累研究经验的教师，才可能领悟和品味到学科的本质，并确立科学的学科观和学科教育观，这需要一个长期的且有意识的修炼过程。

2. 理解学科基础知识、技能、基本思想和基本活动经验

（1）学科基础知识是指学科领域中最基本的理论、概念和事实，这些知识是学科体系的基础，对于深入理解学科内容和相关问题至关重要。学生需要掌握这些基础知识，以便能够运用它们解决实际问题。

（2）技能是指在学习和生活中需要掌握的基本能力。在学科领域中，技能通常包括阅读、写作、计算、分析、推理、归纳和演绎等，这些技能对于深入学习和理解学科知识以及解决实际问题都非常重要。学生需要通过实践和应用来培养这些技能，以提高自己的学习能力和解决问题的能力。

（3）基本思想主要指一门学科教学的主线或一门学科内容的诠释架构和逻辑架构。对于一名教师而言，学科基本知识、基本技能是开展学科教学的基本前提，是学科教师的基本功，但在掌握基本知识技能的同时，更应当让

自己和学生清晰地了解知识的产生过程、知识间的相互联系以及整个知识体系的框架，从而帮助学生理解知识本身蕴含的思维形式和思维方法。

（4）基本活动经验是个体在经历了具体的学科活动之后留下的、具有个体特色的内容，它既可以是感觉知觉的，也可以是经过反省之后形成的经验。积累基本活动经验可以帮助学生进行理解性掌握，有助于学生感悟学科思维方式。在课程教学中，基本活动经验是综合实践活动的基本目标之一，是过程与方法目标的具体化，基本活动经验与基础知识、基本技能、基本思想同等重要。通过学科专业素养的修炼，从而促进教师自身的“四基”得到更好的发展。

3. 科学把握学科核心内容，清晰认识学科发展脉络

所谓学科核心概念，是指贯穿于学科各阶段内容的最上位的概念。其他概念从属于核心概念扩展所形成的知识体系之中，称为衍生概念。此外，教师只有精心梳理学科知识，深入理解核心概念的本质与演变过程，并清晰地认识纵横关系，清除概念理解上的误区，不断地把新知识纳入已有的认知结构中，从而形成以核心概念为主线的知识结构网，才能够整体把握学科知识，并提高学科素养。然而，良好认知结构建构的关键在于学科知识发展脉络的把握度。学科知识发展脉络是指建构学科知识结构的基本思路。准确把握学科知识发展脉络，意指比较清楚地把握学科科学体系中知识的核心思想，知道知识的来龙去脉，同时了解这些学科知识的教育价值。特别是对于所教学科的知识体系、知识前后的关联、知识的轻重缓急、统领学科知识发展的核心内容，教师都要了如指掌，这是创造性地从事学科教学的重要前提。要切实把握学科知识发展脉络，深刻地感悟、提升，并精心梳理学科知识的主线。

4. 培养自我价值肯定、积极进取以及较强的学科能力

积极的学科情感，是指教师对自己所从事学科教学工作和活动所具有的肯定性价值的心理反应。不同的情感，对人们的认识活动和实践活动有着不同的作用。自我价值肯定和积极进取的情感，能主动驱动教师调动全身心的力量，使教师与学生、教师与教师、教师与学校之间呈现出最大限度的协调性，从而最有效地去完成正在从事的学科教学活动。积极肯定的学科情感注入，能帮助教师乐观接受教育过程中的琐碎事务，进而进入到一种宽容、进取、崭新的精神境界，并使其学科教学过程更具人性化的职业乐趣与职业特点。

所谓学科能力，一般是指符合相应的学科活动要求、影响学科活动效果的个性心理特征的总和，它是从事学科活动的基本要素。教师的学科能力包括教学设计能力、教学实施能力、教学评价能力三个方面。教学设计能力包括细化解读课程目标的能力、分析教材的能力、制定目标的能力、课堂预设能力。教学实施能力应该包括教学目标落实能力、学科教学调控能力、教学方式选用能力、学法指导能力、教具使用能力。教学评价能力对教师而言应该包括课堂测评意识、教学反思能力、质量分析能力等。

（二）学科专业素养培养的意义

1. 改善学科专业素养缺失，有效加强专业成长

改善学科专业素养的缺失并加强专业成长，需要采取一系列综合性措施，具体如下。

（1）深度阅读是提高学科专业素养的关键步骤。通过阅读相关领域的经典著作和学术论文，可以深入理解学科的基本原理和最新研究成果。同时，持续学习也是不可或缺的。教育是一个持续的过程，需要不断地投入精力和资源来更新和扩展知识储备。

（2）写作和表达也是巩固学习成果和加深对学科理解的重要手段。通过撰写学术论文、参加学术讨论或进行口头报告，可以更好地梳理知识体系并提高学术表达能力。此外，实践操作对于掌握一些实用技能或应用性强的学科尤为重要。只有通过实际操作和实践经验，才能真正理解和掌握这些学科的知识。

（3）寻求反馈也是个人成长的重要环节。通过与导师、同事或同行交流并寻求反馈，可以了解自己在学科理解或技能方面的不足，从而调整和改进学习方法。此外，在实现这些措施的过程中，还需要培养批判性思维和良好的时间管理习惯。批判性思维可以帮助评估信息、分析问题并作出明智的决策，而良好的时间管理习惯则有助于合理安排学习计划和保持高效的学习状态。此外，拓展相关学科的知识也是有益的，可以发现不同学科之间的联系和交叉点，从而为解决问题提供新的思路和方法。

2. 加强课堂教学的学科性与专业性，保证学科教学质量

为了增强课堂教学的学科性和专业性，并确保学科教学的高质量，教师需要采取一系列措施。首先，他们应该明确教学目标，确保教学内容与学科主题紧密相关，并关注学生的需求和兴趣。其次，教师需要使用多元化的教学方法，以激发学生的学习兴趣和参与度。此外，实践教学也是提高教学质量的关键，特别是对于实践性强的学科。教师还需要建立良好的师生关系，尊重每一个学生，关注他们的成长，并给予他们必要的支持和鼓励。最后，建立有效的评估机制，并定期对学生的学习进步进行评估，同时收集学生的反馈意见，以帮助教师了解哪些方面需要改进，从而不断提高教学质量，这些措施有助于增强课堂教学的学科性和专业性，并确保学科教学的高质量。

3. 奠定教师职业的专业地位，是教师专业发展的必然要求

教师的学科专业知识是从事教育工作必备的知识，可以保证教师在教学中具有知识的权威性。教师的学科教育专业知识是作为专业的教师必备的知识，它奠定了教师职业的专业地位，可以体现教师职业的特殊性与不可替代性。当然，这里所说的知识包括知识本身和相应的学养。一个具有渊博的学科知识、深厚的学科专业素养的教师，才能透彻地理解教材，灵活地处理教材，自如地教学，他对学生影响力的深度、广度和持续性肯定与缺乏学科专业素养的教师不同，他的学科理解、学科理念、学科思维、学科文化以及整体的学科修养方面肯定胜出一筹。一个专业性突出的教师，对学科专业素养修炼的追求是必需的，也应当是坚持不懈的。

（三）学科专业素养实施的原则

1. 全面性原则

学科专业素养是由学科观、学科教育观、学科的基础知识、基本技能、基本思想和基本活动经验以及学科情感、学科能力等多种因素组成的，具有多层次的一个整体结构，因而从修炼的内容而言，全面性原则是指教师准确清晰认识学科专业素养的各成分，并对自身各学科专业成分全面分析，通盘考虑，以便查漏补缺。从修炼的策略与途径而言，全面性原则是综合各种修炼策略，并借助多种途径提升自身的学科专业素养。

2. 针对性原则

针对性原则是指教师要对学科专业成分具有准确、清晰的认识，借助此知识诊断自身学科素养方面存在的问题而有侧重地进行修炼。只有发现了问题，并解决问题才有可能。教师学科专业素养缺失的情况较为复杂，包括知识欠缺型、经验欠缺型、理念欠缺型、情感缺欠型等。

（1）知识欠缺型是指教师缺乏学科知识或没有完全正确掌握学科知识。知识欠缺型具体表现在三个方面：一是所教学科课程新增而自己以往没学过的内容；二是所教学科课程新增而自己以往学过但掌握一般的内容；三是学科课程中的传统内容但目前的要求发生了较大变化。

（2）经验欠缺型是指教师有合格的基础知识但缺乏相应的基本技能和基本活动经验。

（3）理念欠缺型是指教师有良好的基础知识与技能而缺乏学科的基本思想和先进的学科观、教育理念的引领。

（4）情感欠缺型是指教师有良好的基础知识与技能、先进的学科基本思想和学科观、教育理念，但缺乏对自己所从事学科教学工作和活动的自我价值肯定和积极进取的情感。

3. 反思性实践原则

反思性实践原则是指教师通过对自己教学实践的反思以及借助自己的教学实践为主要途径与平台修炼自己的学科专业素养的要求。在传统的教育中，一直存在着这样的认识误区：只要教师通过教学理论的专题培养，并获得有关教学理论的知识，就会改善自己的教学行为，而实际的情形并不如此简单。在具体的教学实践中，每名教师都会形成一些对教学问题的理论认识，这种理解和认识的背后必然有某种教学理论的支撑，但实际上教师对某种教学理论的理解和认识并不能自动地对教学行为产生直接的影响。例如，如果一名教师仅仅满足于获得经验而不对经验进行深刻的反思，那么不管其教龄多长、经验多么丰富，他的素养就很难提升到高水准上；如果教师只是停留在拥有理论、信奉理论水准上，也没能进一步到应用理论，那么这些理论很难为教师真正所拥有，因而就更难以真正内化为教师的素养。因此，要修炼学科专业素养，教师需在教学实践中学会反思，在反思中促进自我教育，只有教师自我教育的能力提高了，教师的素养才会得到真正的提高。

（四）学科专业素养修炼的策略

第一，全面了解，整体把握。认真研读相应的学科课程标准，并整体理解学科发展脉络，从而准确把握每个领域的核心内容及彼此之间的关联。教师要对教材编写的背景、指导思想、内容编排、作用与地位、学习目标、知识结构、重点和难点、课时分配、关注的问题、阅读材料与活动设计等有全面了解和整体把握，并在此基础上，准确把握学科能力，积极应对新课程标准下学科的变化和发展。除教学选用的教材外，还要精通各种类型并具有代表性的学科教材。同时，结合教学实际，合作创建课程教学资源库并不断完善，以便于更有效地提高教学质量，并充分体现学科教育教学价值，这是提高教师学科专业素养的关键，也是必不可少的环节。

第二，独立思考，刻苦钻研。部分教师尤其新教师往往缺乏自信，担心缺乏一线经验，在解读教材、备课的时候，崇拜教材，过多地依赖于名师的教学设计，觉得名师的课程设计已经非常完美，并且能达到那样的教学目标，就已经很成功，无论自己怎样精心设计也不如专家的设计。在自己还没有分析钻研教材、教学设计之前就放弃了自己独立思考以及在此基础上进行钻研的权利。一个能够实现自我学科专业发展的教师，要在熟悉教材的基础上，从研究者、使用者的角度来审视教材，并取舍和改造教学内容。对于名师，最重要的不是模仿其教学过程，而是要揣摩其所以然，并把握隐藏在其教学行为背后的思想精髓，从而才能真正吸收其中的营养，以及指导自己的教学实践。没有对教材、别人的课堂教学环节设计、教学具体行为的独立的批判性思考及在此基础上的刻苦钻研，是难以达到促进学科专业素养提高的目的。

第三，查漏补缺，终身学习。从学科的视角重新审视学科课程传统内容和新增内容，要求学科教师要有针对性地进行知识补偿教育，查漏补缺，进而避免出现知识点错误和教学理念误区。学科教师注意收集学科专业发展的新动向、新信息，不断更新知识，以适应时代发展的要求和学生学习的需求。从而不断开发新的课程资源，贴近时代、贴近学生的生活。而这些信息、知识又需要教师平时多收集、多学习、多积累，并不断补充到平时的教学中。

第四，专题研究，案例解读。结合学科教育教学实际和存在的问题开展专题研究，培养积极学科情感，树立科学学科观、学科教育观，从而提高实践实效。系统研究学科的基本理论、基本思想与方法，尤其是学科发展所依赖的核心思想（如数学的基本思想是抽象思想、推理思想、建模思想等），并结合他人典型案例和自己的教学案例加以解读，透过对教学案例的分析，清晰潜意识中的思想理念，从而促进树立科学的学科观和学科教育观。

第五，自训为主，灵活互补。促进自身的学科专业素养发展的策略途径有很多，如接受正规培训，进行教学实践，写教学日志、教育自传、教学博客，制订专业发展自我规划，争取同侪指导，参与团队教学、集体备课、校本教研、合作研究以及自我训练等，可根据实际情况，灵活选取，多样补充。其中合作研究是一种非常有效的突破个人狭隘观点的方式，合作的对象可以是同事以及专家、学者，还可以是自己的学生。例如，可以直接和学生谈话，或者组织座谈、讨论，还可以让学生以日记、周记的形式针对某个主题发表自己的看法，从而更加全面地了解学生的看法，并更好地反思自我。学生的看法所带来的启示往往是教师不断进步的源泉。另外尤其值得指出的是自我训练的策略，如主张教师勇于实践，不断反思，它是非常好的方法，因为它具有非凡的力量，这种力量来源于自身，来源于自己的奋斗。

二、教学技能素养

教学技能是指教师运用已有的教学理论知识，通过练习而形成的稳固、复杂的教学行为系统。教学技能既包括在教学理论基础上按照一定方式进行反复练习或由于模仿而形成的初级教学技能，也包括在教学理论基础上因多次练习而形成的达到自动化水平的高级教学技能，即教学技巧。教学技能是教师必备的教育教学技巧，它对取得良好的教学效果，以及实现教学的创新，具有积极的作用。

（一）教学技能素养的重要目标

1. 了解与掌握教学技能

从教学技能的表现形式而言，教学技能可分成两大类：一是内隐的技能；二是外显的技能。教师要讲好课，必须在课前钻研教材，并了解学生，写好教案，这些都不直接表露在课堂教学行动上，所以称为内隐技能。只有直接表露在课堂上的技能才称作外显的技能。

以教学过程为线索，教学技能大致可以分为：课前的教学设计技能；课堂教学技能；课后指导教学技能；学生与教学评价技能。其中课堂教学技能是核心。此外，新课程背景下教师还要重点掌握以下教学技能。

（1）课件制作技能：选择功能强大的软件；学习有关教程，然后多练习；熟悉图形图像处理软件；熟悉声音处理软件；加上自己的创意。

（2）信息资料收集技能：包括图书期刊资料的查找、电子资源的查找、免费外文文献的获取。如中国期刊全文数据库是目前世界上最大的并连续动态更新的中国期刊全文数据库。

（3）组织和指导课外教学活动技能：教师根据学生的特点及培养学生能力的要求，组织、指导学生开展有关学科课外活动。如课外科技小组、科技知识竞赛、读书报告会、小论文小制作比赛、参观、访问、调查等。

（4）与任课教师、学生家长沟通技能：了解班主任与任课教师的关系，了解与家长关系的基本特点和相互配合的教育意义，并掌握与其沟通的方法，从而努力获得任课教师和家长对班主任工作的支持。

2. 熟练掌握各种教学技能

要遵循心理学原理，有计划、有步骤地进行小步技能训练，并能够熟练掌握各种教学技能，具体如下。

（1）目的。每项技能训练之始，都要明确训练目的和要求，教师要知道做哪些事情、怎样做、做的结果。同时，要形成学习技能的内在动因，然后在实践中主动地反复练习，从而形成技能。

（2）正确。正确理解各类教学技能。如果对教学技能理解得不准确，在技能训练过程中将会出现问题。例如，提问技能，若对它的结构要素理解不当，则设计问题不到位，提问再生动也不能实现应有的功能。

（3）协调。教师要有意识地控制自己的行为，并注重技能要素及类型彼此协调进行。例如，演示技能，教师如果只注重物理或化学变化，而忽视了时空背景效果，也会干扰演示功能的发挥；又如语言技能，如果只注重语言编码，而忽视了在表达时用表情和手势配合，也会影响口语表达效果。

（4）速度。量与质是辩证统一的，要在正确前提下兼顾速度，较好地完成既定任务。

3. 能够根据教学实际，综合运用教学技能

能够根据实际教学情况，全面地、灵活地、创造性地运用各种教学技能，这不仅包括传统的讲授、演示、讲解等基本技能，还包括更为复杂和高级的

技能，如启发式教学、问题解决教学、合作学习等。同时，该教师还能够准确地辨认出教学技能的各个组成要素，如教学目标、教学内容、教学方法、教学评价等，并能够对这些要素之间的关系进行深入的分析和理解。他们能够识别出组成这些要素的基本原理和法则，并运用这些原理和法则综合解决问题，从而实现最佳的教学效果。这种综合运用教学技能的能力，不仅需要深厚的学科知识和丰富的教学经验，还需要不断地学习和实践，以保持对教学技能的持续更新和提升。

（二）教学技能素养培养的意义

第一，教学技能是提高教学效果的手段。一旦教师达到或超越了某一特定的智力和知识水平线，他们的智力和知识水平便不再是影响教学效果的关键因素。由此可以推断，在达到这一基本水平之后，影响教学效果的主要因素转变为教师从事教学工作所必需的思维能力、口头表达能力以及组织教学活动的能力等教学技能。因此，若要从根本上推动教师的专业成熟，并提高其专业素质，必须强化对教师教学技能的训练。

第二，教学技能是衡量教师专业成熟度的重要尺度。一个专业的教师必须具备扎实的专业知识和与教育任务相匹配的教学技能。虽然我们周围有许多已经步入成熟阶段的教师，但仍有为数不少的教师尚未完全掌握和运用教学技能。因此，熟练运用教学技能是衡量教师专业成熟度的关键指标，教师们必须为此持续努力。

第三，教学技能是教师实现人生价值的重要基础。自教师职业诞生以来，就承载着传承知识、启迪思维、解疑答惑的重任。为了履行这一职责，教师必须具备扎实的专业知识和技能，并将其视为生存和发展的方式。课堂教学是教师生命活动的重要组成部分，每一堂优质课程都是教师生命力的体现和生命价值的彰显。因此，教师应该全力提高自身的教学技能水平，视教学为生命活动，通过成功的教学实践来品味生命力的满足，感悟最神圣的职业不仅是一种无私的奉献，更是自我发展、自我实现的重要途径。

（三）教学技能素养实施的原则

第一，强目的性原则。教学是一种具有强烈计划性和明确目标的活动。为了满足教学目标的要求，教学中所安排的每一项活动以及教师的每一种教学行为都应有具体的目标指向。教学技能是教师教学行为的具体表现方式，其应用的目的在于实现教学目标。因此，在确定教学技能时，我们必须首先回答三个问题：首先，这种行为能为学生提供哪些信息，准备让学生从中学习哪些知识；其次，这种行为能否促进学生的学习以及教会他们怎样学习；最后，这种行为是否对提高教学质量产生重要影响。只有对这三个问题的回答都是肯定的，这些技能的确定才具有实际意义，而这些技能本身也必将在实现教学目标方面发挥重要作用。

第二，可观察性原则。教学技能新修炼的目的是使教师更好地掌握教学技能，以便在教学中正确应用。教学技能通常是可观察的。教师要了解是否掌握了某一教学技能，可以看在具体的教学实践中是否表现出这一技能。通过观察教学实践，就可以了解对教学技能的掌握情况，从而便于在实践过程进行矫正或接受指导。可观察性的另一意义是便于提供鲜明具体的示范，通过实际角色扮演、示范录像等把某项技能展示出来，从而为同伴树立学习的样板。

第三，学思结合原则。学思结合原则是一种重要的教育理念，它强调在学习过程中，不仅要注重知识的获取，还要注重思考和探索的过程。只有通过将学习和思考相结合，才能真正地锻炼和发展技能和能力。在学中有思的过程中，技能和能力才能得到锻炼和发展。由此可见，我们不能仅仅停留在表面的学习上，还要深入思考和探索所学知识的内在含义和规律。通过思考，我们可以更好地理解知识，并将其应用于实际生活中，从而锻炼我们的技能和能力。在思中有学的过程中，技能和能力才能融会贯通。因此，我们在思考的过程中，不能离开所学的知识，否则思考就会变得空洞和无意义。只有将所学知识融入思考中，才能更好地理解问题，并找到解决问题的方法。通过这种方式，我们可以将所学知识融会贯通，从而形成自己的见解和思路。

第四，可测量性原则。教师要有效地修炼教学技能，及时、具体地反馈是很重要的。而要衡量反馈的信息，就要为技能的应用提供参照体系，对每项技能提出明确具体的要求或应用原则。教师只有把自己的实践与要求相对照，才能发现成功与不足。同时，技能的形成要通过反复地学习和实践，只有对每次训练的结果给出恰如其分的评价，找出优点和缺点，并提出改进的措施和建议，才能不断提高教学技能。

（四）教学技能素养修炼的策略

第一，充分利用教学资源。充分利用丰富多样的教学资源是教育工作中至关重要的环节，这些资源来自各个领域，包括以下方面：①网络资源可以提供各种在线课程、学习工具和软件，以此来帮助学生学习和探索新知识；②教师资源是学生们获得知识和技能的关键来源，他们可以通过课堂教学、辅导和答疑等方式传授知识；③学生资源则可以通过互相交流、合作学习和分享经验来提高学习效果；④媒体资源包括各种视听材料、杂志、报纸等，可以帮助学生了解社会热点和拓宽视野；⑤原创资源则是根据学校和教师的实际情况而定的，包括校内外各种原创性教材、研究报告等；⑥教辅资源则是帮助学生理解和掌握知识的一些辅助性材料，如教科书、参考书等；⑦文化资源则可以帮助学生了解不同地域和民族的文化传统和风俗习惯；⑧教学反思则是对教学过程的总结和反思，可以帮助教师提高教学质量和效果。

第二，积极给予精神关怀。教师的教学技能修炼是一个持续不断的过程，需要教师个体的努力和学校、教师团队的支持。因此，学校和教师团队应该积极给予教师精神关怀，并加强教学技能修炼的人文性，以崇高的人文境界来关注教师的教学技能修炼。通过课堂教学这个平台，可以营建一个健康的教学技能修炼的精神世界，从而让教师在其中不断成长、进步。

第三，持续改进，精益求精。教学技能的修炼需要不断努力和改进，只有通过持续的改进，才能实现精益求精。所谓的“持续改进”，就是在查明问题或确定课题的基础上，通过反复进行的“问题解决”或“课题完成”活动从而实现不断改进的过程。教师需要在实践中不断发现问题、解决问题，并通过反复地实践和反思，不断改进自己的教学技能，提高教学质量。

第四，分解综合，相互结合。分解综合，相互结合方法分为三大类：一是教师可以独立操作，分解训练的基本方法，包括观察法、书面作业法、对镜练习法、录音训练法；二是教师模拟教学情境对教学技能进行分解训练的方法，包括角色扮演、模拟教学、介入教学、微格教学；三是教师进入真实教学情境进行教学技能综合训练的方法，主要是教学的见习、实习、观摩。

第五，网络修炼切实注重技能水平。网络修炼，这个概念正逐渐被人们接受，它以其形式灵活、信息量大，自主性、针对性、互动性、创新性较强等优点，正在不断地拓展教师职业技能训练的主体、空间、时间的维度。它不仅为教师提供了更加便捷的学习和交流方式，同时为教师提高职业技能水平提供了新的路径。网络修炼是一种自我提升的方式，它可以帮助教师更好地掌握现代教学方法和手段，并以此提高教学效果。通过自主选择学习内容、自主安排学习时间，教师可以更加灵活地进行自我培训和提高。同时，网络修炼还可以通过互动交流的方式，让教师之间相互学习、分享经验，从而更好地提高自己的职业技能。

网络修炼还可以促进教师的专业发展。通过参与网络修炼，教师可以不断地更新自己的知识储备、提高自己的专业技能，从而更好地适应教育发展的需要。同时，网络修炼还可以帮助教师更好地了解学生的学习需求和特点，并为学生的个性化教育提供更好的支持。

第四节 教育科学与心理科学素养

一、教育科学素养

教育科学素养是指教师思考、探讨与解决教育教学的理论和实践诸方面问题时自发或自觉运用到自身的教育科学理念、知识、方法、能力和品质的总和。教育科学素养是教师作为“履行教育教学职责的专业人员”的专业素养，是教师职业对从业者的基本要求，是教师在一定的社会环境影响下经过锻炼和培养而形成的，旨在帮助自己有效地从事教书育人工作，并全面履行职业责任的专门性素养，是教师综合素养的重要组成部分，也是教师职业水平的集中表现。

（一）教育科学素养的重要目标

1. 树立科学的教育理念

所谓教育理念，是指教师在对教育工作本质理解的基础上形成的关于教育的观念和理性信念。理念支配着人的行动准则，不同的教育理念将使我们有不同的教育行为，从而获取不同的教育结果。因而，我们应树立科学的教育理念。

2. 掌握丰富的教育科学知识

构成教师教育科学素养的教育科学知识主要有三类。一是关于分析教育形而上问题和教育中的社会现象的知识，包括教育哲学、教育史学、教育社会学、教育经济学等，这类知识主要是帮助教师认识教育的本质以及教育与政治、哲学、社会结构、经济体制、技术水平等所有社会变量的关系。二是采用被运用学科的方法来分析教育活动的知识，包括教育实验学、教育统计学、教育信息学、比较教育学等，这类知识主要是帮助教师分析教育现象和教育教学活动，从而提高教师的教育研究能力。三是综合运用各门学科，解决教育教学实际问题的知识，包括教育心理学、教育生理学、教育技术学、课程论、教学论等，这类知识主要是帮助教师认识并解决教育教学实践中方法和技术上的问题。

3. 具有较强的教育科学能力

教育科学能力是指教师符合教育活动要求直接影响教育活动效率和教育目标顺利实现的个性心理特征的总和。例如，教育思维能力是教师按照教育规律思考问题的能力，是教师在认识教育的过程中，对教育现象进行比较、分析、综合的方式，是教师客观地反映教育现实的过程；教育实践能力包括教育预见能力、教育设计能力、教育实施能力、教育监控能力；教育研究能力是教师总结、反思教育教学行为，探究教育现象，并解决教育教学实际问题的能力。

4. 懂得基本的教育科学方法

教育科学方法不仅是探究教育、获取教育未知领域真相的钥匙，也是学习、接受、传授教育已知领域知识的途径和方法。构成教师教育科学素养的科学方法，应包括经验性科学方法和理论性科学方法。经验性科学方法是教师在教育研究用于获取经验材料或教育事实的一般方法，包括观察方法、调查方法、实验方法、测量方法等。理论性科学方法包括分析、综合、归纳、演绎等逻辑方法以及系统方法、假设方法等。

5. 养成良好的教育科学品质

教育科学品质，是教师在教育教学行为中表现出对教育科学的态度、兴趣、情感等心理特质，是教师通过对教育科学知识的正确理解以及对教育科学发展的整体把握而形成的信念和工作习惯。教师的教育科学品质主要表现在：对教育科学知识有浓厚的兴趣，能正确认识教育科学的价值标准，并具有支持教育科学新生事物的精神；在教育活动中不断尝试构想更好的教育方法，关心并设法解决教育问题；留意观察教育现象，能安排更多的时间进行教育教学研究，善于反思自己的教育行为；在教育科学研究中具有责任感，实事求是，严谨治学，做到深入钻研，刻苦探索，追求真理。

（二）教育科学素养培养的意义

1. 积极把握教育规律，有效实施教育实践

在缺乏理论指导的情况下，实践往往会变得盲目，从而难以达到预期的效果。在教育领域中，仅仅依靠经验进行探索，虽然能够取得一些成绩，但往往需要付出更多的努力和时间。只有自觉地遵循教育规律，按照教育科学理论进行实践，教育事业才能健康、高效地发展，并提高教育质量。因此，教师修炼教育科学素养，对于他们理解和掌握教育科学理论，加深对教育现象的认识，并认清教育与社会、教师与学生、知识教育与能力培养等各种基本关系，以及避免因认识的混乱带来实际行动的偏差至关重要。在面对教育教学活动中遇到的各种问题时，教师需要正确解释事情的原委，抓住问题的关键，从而作出正确的判断，并有效地解决教育教学问题。而这一切都离不开教育规律的认识和理论指导。

2. 提升教师教育工作兴趣，增强自信与责任感

教育理论已经超越了以往简单、片面、零碎的经验水平阶段，而是具有更加严谨的科学理论体系，这一理论是由众多教育理论和实践工作者共同构建的宏伟建筑，它充分反映了当代教育发展的最高水平，并体现了时代的精神。通过学习教育科学理论，教师将在理论上获得提升，并感受到教育科学理论的魅力，这将使教师更加欣赏理论在指导实践工作中的作用，从而提高他们从事教育工作的兴趣，增强他们的教育意识，并提高他们的工作热情和自信心，以更好地完成教育教学工作。这些不仅激发了教师从事这一职业的主动性和责任感，而且使他们产生对教育工作的深厚感情，从而自觉地将自己的才华和毕生精力投入教育事业中。

3. 突出教师的核心专业属性，促进教师专业发展

在教育教学活动中，教师运用个人学科知识需要建立在科学认识教育理论、教育思想以及教育手段和方法的基础上。教学的核心任务是将学科知识进行教育科学的解读，这种解读需依据学生的身心特点和学生对该学科知识的掌握情况，从而实现“个人知识”向“人际知识”的转化。由此可见，教师不仅要明确“教什么”，这是成为教师的先决条件，而且要知道“怎么教”“为什么教”，这是体现教师专业特性的关键。两者相辅相成，缺一不可。一名合格的教师除需要具备广博的文化科学专业知识之外，还必须持有坚定的教育专业思想，掌握教育理论，具备出色的教育教学技能和艺术，积极投入并善于教育教学。此外，教育科学素养是教师综合素养的重要组成部分，它体现了教师专业的科学本质和与其他专业的根本区别。教育科学素养既反映了教师教育活动的科学本质，也体现了教师在职业技术上的不可替代性。

（三）教育科学素养的实施原则

第一，博观约取原则。教师在提升教育科学素养的过程中，应遵循博观约取的原则。由此可见，他们应广泛获取教育科学知识经验，但同时要能够辨别并筛选出其中的精华，摒弃糟粕。教师需要注意所学习的教育理念、教育理论是否符合教育客观实际，是否能够揭示事物的本质和内在规律，是否具有充分的理据性和合理性。因此，教师在学习教育科学理论知识、吸收教育思想理念等方面时，应当学而不限、观而有识、取而有度、有的放矢、唯真是取。

第二，相互联系原则。相互联系原则即指理论联系实际，是指教师在教育科学素养修炼的过程中要善于了解实践是认识的基础，是知识的源泉，要从理论与实际的联系中去理解并掌握教育科学理论。同时，还要运用所掌握的教育科学知识，去解决理论问题与实际问题，从而增强自身的理论运用于实际的能力。提出理论联系实际，首先是人类认识规律的需要。人类认识是一个实践，认识，再实践，再认识，循环往复，以至无穷的过程，因而教师要提高教育科学认识，必须理论联系实际。其次，也是教育科学素养修炼的目的需要，教师教育科学素养的修炼并非仅是教育理论知识的储备，而是掌握了知识能去指导实践，并能具有运用知识解决实际问题的能力，以及能在实际问题的解决中使良好的品质得以形成和强化。因而，在修炼的过程中要

从具体事情做起，从岗位做起，从小事做起，于日常教育教学中见效果，有意识地成就理论与实践的相融合、相促进。

第三，厚积内化原则。厚积内化原则，是指教育科学素养修炼是一个持续的过程，教师在教育科学素养修炼的过程中需要有计划地长时间积累，并有意识不断地实现理论和实践上的自我内化与提升。教育科学素养的修炼，要积少成多，要坚持不懈地学习、积累、总结、内化、应用、反思，并不断地循环反复地努力。我们既要学习与内化中外从古至今的优秀教育教学理论与经验，又要与时俱进，以教育工作者特有的敏锐，勇于进行探索创新，结合社会发展和学生发展的特点与实际，灵活应用教育科学理论，凸显自身的教育教学风格，从而不断创新教育观念和教育方式，不断充实、丰富和发展自身教育科学素养。

（四）教育科学素养修炼的策略

第一，全面分析，自主规划。教师要积极寻求自主发展的基本途径，有意识地把自己的教育科学素养现状与理想的教师素质结构相比较，客观、全面地分析自身的教育科学素养状况，自主设计教育素养提升规划和目标，选择达到目标的手段和方案设计，并根据情况及时调整自己的教育科学素养发展方式，自觉发掘自身的有利因素，使自己的教育科学素养得到培育和提升。

第二，自觉学习，潜心阅读。教育理论知识是教师教育科学素养的核心和基础，这一点至关重要。由此可见，学习系统的教育理论并用之指导教学实践，相比之下更为有效，且通过个人实践来完成这个长期、缓慢、充满曲折的认识过程并非每个人都能做到。此外，部分教师虽然从事教育教学工作多年，但若始终不理解教育教学规律，无法找到正确的教育教学方法，那么教学效果必然不尽如人意。因此，教师必须增强对教育科学理论的学习。对于教师而言，提高自身的教育科学素养首先应阅读大量书籍，尤其是那些经过广泛调查并实践后编撰的书籍，它们为我们提供了丰富的知识和经验。只要我们愿意深入研究并用心求证，我们就可以在前人的基础上发扬他们的业绩。

第三，学习名师，追随大师。继续深化理解名师、大师的教导，以及他们对于教师专业素养提升的意义。由此可见，这种学习与追随的过程，本质上是一种模仿与创新并重的历程。模仿，展现了一种积极主动的学习态度，以及一种对专业领域权威的敬畏和尊重。在这种情况下，即使在模仿名师、大师的过程中可能存在一些不足，也可以在后续的实际实践中持续改进。模仿，从某种程度上看，是通向创新的必经之路。从仿生学的角度看，人类的许多发明和创造，都是从模仿开始的。模仿只是一个过程，一种手段，我们的最终目标是要做最好的自己。模仿的最终目的不是单纯地复制名师、大师的影子，而是要通过模仿来结合实际情况进行创新，从而打造出自己独特的教学风格。

第四，实践贯通，积累经验。教师教育科学素养提升的基础和生命是教育教学实践，唯有行动才是可以和沉思媲美的人的生存之最高样式，因为唯有行动中，人才以追求卓越作为基本目标。教师要认识教学责任，用爱心和忠诚对待教学实践，本着对学生负责、对事业负责的态度积极投身教学实践中，不断拓宽知识面，启迪思考，积累经验，并善于把一切成功经验和教学研究成果运用到教学实践中，在教学实践中解决“教什么”“如何教”的问题。同时，注意在实践中形成持之以恒的反思与积累的自觉行为。

第五，开展科研，促进发展。教师职业专业化程度的不断提高，必然要求教师不仅具有扎实的学科基础，而且要有教师职业化的独特品格和能力，其核心就是教师的教育科学素养。而教师参与科研不仅会巩固和扩展教师本身的专业知识，还会加深对教育科学素养的认识，从而反过来对教师的专业化提出要求，并促进教师教育科学素养的提升。因而，教师应主动开展科研，以研究者的精神探究教学的性质，将专业实践经验知识明确化、理论化，或在教学中应用教学理论，将教育理论操作化、策略化，改造和扩展知识，形成新的教学理论和思想，提高教育教学能力，从而提升教育科学素养。

二、心理科学素养

教师的心理科学素养是指教师具有较系统的心理学知识，并能运用这些知识去完善自我，以及指导教育教学和处理各种关系的实践的修养与能力，它至少应当由心理科学认知、心理科学能力、心理科学倾向性、心理品质四个维度构成。具体而言，包含具有较扎实的心理科学知识技能；较高水平的自我适应与自我调节能力、识别与沟通能力、引导与矫正等心理科学能力；还有强烈的心理科学倾向性、高尚的教育情操、坚强的意志、坚定的教育信念、强烈的自我意识、热情、开朗、对人宽容的性格等良好的心理品质。

（一）心理科学素养的重要目标

1. 掌握较扎实的心理科学知识技能

教师掌握心理学知识的目的就在于掌握与教育现象有关的心理现象和规律。具体地说包括以下几个方面：①普通心理学知识，主要解决教师对人类一般心理现象和规律的认识；②发展心理学知识，主要帮助教师认识学生心理发展的轨迹，并加强教育的针对性和不同阶段教育之间的连续性；③教育心理学知识，主要用来提高教师教育活动的科学性；④社会心理学知识，帮助教师领会教育活动中人与人之间心理关系的真谛，从而提高教育效果。当然还可以包括变态心理学与健康心理学。

由此可见，以上这四个方面是相互关联的，又是相互独立的，从而在教育活动中发挥整体效应。解决学生具体心理矛盾一般要经历心理诊断、教育程序设计和操作三个步骤。概括而言，分别需要心理诊断知识技能、心理程序设计知识技能、心理操作技能。心理诊断知识，是关于各种心理矛盾的具体特征的知识，它的作用是分析当前存在的心理矛盾，并确定心理矛盾的性质。心理诊断知识技能是教师发现学生当前心理矛盾的具体特征的心理学技能，如观察、测量、数量分析等。心理程序设计知识技能，主要由教育策略方面的知识、关于各种心理矛盾相互关系的知识以及教育程序设计的技能构成，其作用是选择解决当前心理矛盾的教育策略，并将所选择的教育策略转化为具体的操作步骤与要求，从而以形成完备的解决心理矛盾的操作程序。心理操作技能，主要由各种心理学技能组成，它的作用是根据解决心理矛盾的教育程序，进行实际的操作活动，使学生的心理矛盾得到解决，例如教育谈话的技能、设置问题情境的技能等。

2. 培养较高水平的心理科学能力

（1）提高自我适应能力和自我调节能力。教师要增强自我适应能力，调节好自已的心理状态，并积极去适应教育制度和教材的变化，主动适应学生的变化，以及主动接受社会发展带来的挑战。如果没有一种积极进取的心理状态，不具备自我适应能力，那么必然会陷入不满、烦恼、抑郁，对一切都看不惯的状态，也无法正确了解和理解学生的心理状态，并采取积极的对策。教师的情绪变化会直接影响学生的情绪、心态，这就要求教师必须具备较强的自我控制能力。

（2）提高识别能力和沟通能力。教师要善于观察不同学生的特点，正确区分问题的原因。例如，对于由于青春期心理躁动控制不住自己的学生，用简单的批评和粗暴的训斥是无济于事的，而应当对其加以冷静的心理分析和引导。要能对学生的心理问题作出准确的判断，就必须能够和学生相互沟通，沟通不仅需要耐心、爱心，而且还是一种能力。

（3）提高引导能力和矫正能力。教师在掌握学生的心理状态的同时，还必须具备引导学生和矫正不良心理的能力。例如，对普遍性的心理问题善于提前预防；根据不同学生的特殊心理特点，要善于重点观察，并有针对性地进行心理矫正。

3. 具备较强烈的心理科学倾向性

教师应具备较强烈的心理科学倾向性，有主动从心理学角度审视教育教学中的现象与问题的强烈意识，积极自觉地用心理学有关知识反思与探究这些现象与问题。教师一方面要努力学习心理学知识；另一方面要获得心理思维的方式，并有意识地运用它们去思考问题、解决问题，并提升对教育教学问题从心理学角度的识别和疏导能力。

4. 涵养良好的心理品质

（1）教师应具备高尚的教育情操。教师必须重视并加强自身高尚情操的培养，以教书育人、言传身教的方式，通过自身的精神风貌去影响和培养学生高尚的道德情操。

（2）教师应具备坚定的意志和信念。教育工作具有长期性和复杂性，只有意志坚强的教师才能在困难面前不屈不挠、坚定不移地克服困难；只有信念坚定的教师才能在工作中心态沉稳、自制力强，充满自信地面对工作中的挑战。

（3）教师应具备热情、开朗、宽容的性格。良好的性格可以增强教师的人格魅力，并建立良好的人际关系，从而提高教学效果，同时会影响学生良好性格和行为习惯的养成。

（4）教师应具备强烈的自我意识。自我意识的健康发展是教师心理健康发展的前提条件。一个能够充分认识自我并有效调控自我的教师才能成为称职的自我教育者，从而更好地履行教育工作者的职责。

（二）心理科学素养培养的意义

1. 有效理解与改进教学，提升课堂教学效果

（1）有利于教师更好地理解本学科知识。知识不管是从内容上还是产生及发展规律上都可以从心理学的层面上获得依据，教师具备心理科学素养能够更深入地理解知识内容，并按照知识发生发展的规律去传递知识。

（2）运用心理学知识，可以改进教师教学策略，并减少教师教学中的问题行为。例如，教师可以利用心理知识，激发学生的学习积极性，使学生成为学习的主人；根据学生学习的心理过程改进教学方法，使教法符合学生心理；利用学习心理知识，在教学过程中渗透学习策略指导，并教会学生学习的方法，教师也能正确对待学生学习中的练习和迁移；根据学生的认知特点恰当选择媒体，从而提高课堂教学效率等。

（3）可以改进教师课堂管理策略。老师借助心理学知识与心理研究方法，进而了解学生心理特点，并掌握科学管理学生的方法，就会避免采用高压手段、靠严厉来维持课堂秩序。

2. 深刻理解学生心理，做好教育管理工作

当前学生在心理健康方面普遍存在问题，这些问题对他们的健康成长产生的负面影响不容忽视，严重阻碍了学生智力的充分发挥，影响了他们的学习进步和优良道德品质的形成，同时影响了人与人之间的正常交往，这些问题将影响我国国民未来整体的精神面貌和素质的提高。因此，我们必须高度重视学生的心理健康问题，采取有效措施加以解决，以确保学生的健康成长和全面发展。

3. 保障教师心理健康，促进体会与创造职业幸福

心理健康教育首先强调教师的心理健康水平。只有具备良好健康的心理的教师才能树立正确的形象，并对学生产生积极的影响。然而，当前教师的心理健康水平并不理想，存在幸福感水平不高、职业倦怠、压力大、易疲劳、易激怒、低成就感等问题。除了外界因素的影响，教师队伍的心理健康水平不高还与他们缺乏心理科学素养、调节能力和适应能力有关。认知心理学指出，影响人类情绪的并非事件本身，而是我们对待事情的态度。如果教师不具备良好的心理素质和心理调节能力，他们的心理健康将容易受到损害。教师的

幸福感在很大程度上不是靠别人给予，而是靠自己用心去寻找、体会并积极创造，而这些努力需要良好的心理科学素养作为保障。

（三）心理科学素养实施的原则

1. 实践到认知原则

实践到认知原则是指教师从对心理学的感性认识出发，通过深入领会心理学的基本原理，掌握各种基本的心理规律，并在此基础上形成正确的心理学观念。这一原则强调了教师对心理学知识的理解和运用，以便更好地服务于学生的成长和教育过程。在实践到认知原则的遵循过程中，教师需要注意以下三项任务。

（1）习得。习得是教师凭借自己的生活阅历、教育经验以及心理学教材提供的直观材料，来理解心理学原理的基本含义，这需要教师具备丰富的经验和敏锐的洞察力，以便准确地把握心理学的核心概念和原则。

（2）联系。联系是教师有意识地运用所习得的心理学原理，来分析自己或他人的教育经验和教训，建立心理学理论与解决学生心理矛盾的实践经验的联系，这需要教师具备批判性思维和灵活运用知识的能力，以便将心理学理论应用到实际的教育情境中。

（3）概括。概括是在建立心理学原理与教师解决学生心理矛盾的实践经验联系的基础上，概括出心理学原理的思想内涵，并形成一定的心理观念，即形成自己关于教育目标和教育方法的心理学观点，这需要教师具备归纳和演绎的能力，以便将个别的实践经验概括为普遍的心理学原理，并在此基础上形成自己的教育理念和方法。

实践到认知原则的贯彻需要教师具备对心理学的深入理解、丰富的教育经验以及良好的批判性思维与概括能力。只有这样，教师才能更好地运用心理学知识解决学生心理矛盾，从而促进学生的健康成长和发展。

2. 认识到实践原则

认识到实践原则，是指教师从对基本心理学规律的认识出发，通过运用基本的心理学原理，将心理学的原理转化为相应的教育程序，以解决具体的心理问题获得实践经验。这个原则的运用可以帮助教师更好地理解学生的心理需求，提供更个性化的教学方法，并解决学生在学习过程中可能遇到的心理问题。在遵循这个原则的过程中，教师需要注意以下任务。

（1）转化：教师需要将所掌握的描述性心理学知识转化为解决学生心理矛盾的程序性知识。具体而言，教师需要将描述心理现象特征的知识转化为诊断心理矛盾的方法；将描述心理现象变化过程的知识转化为解决心理矛盾的教育策略。通过这种转化，教师可以掌握解决学生心理矛盾的一般方法。

（2）整合：教师需要从自己的心理学观念出发，根据自己对心理问题的诊断，并选择相应的教育策略，从而设计出解决心理问题的完整程序。通过整合，教师可以获得解决学生心理矛盾的实践经验，并初步形成以解决各种类型心理矛盾为核心的经验结构——解决学生具体心理矛盾的实际系统。

（3）操作：教师需要执行既定的教育程序，并及时反馈执行结果。在操作过程中，一方面，教师所掌握的程序性知识逐渐转化为熟练化的心理学技能；另一方面，通过操作的反馈机制，教师可以不断校正教育程序，使之趋于完善，并最终形成教师心理科学素养完善的经验结构。

通过遵循认识到实践原则，教师可以更好地理解和解决学生的心理问题，并提高教学质量和效果。同时，这也有助于提高教师的心理学素养和技能水平，使其能够更好地应对教育过程中的挑战。

（四）心理科学素养修炼的策略

1. 洞察心理，掌握规律

掌握儿童心理发展的不同阶段特点，理解学生在各类教育活动中的心理规律，是教师实施有效教育的重要基础，也是教师提升心理科学素养的基本方法。儿童心理是一个有机的系统，其形成与发展是心理各个方面协调统一的过程，即儿童心理发展具有整体性。儿童心理发展具有顺序性，这是由遗传决定的，不会因为各种外部环境的影响或者学习、训练的作用而发生改变，更不会出现心理发展的超越或逆转。

从心理机能上看，心理发展一般遵循感知—运动—情绪—动机—社会交往—抽象思维这样一个顺序。在心理过程方面，儿童心理发展也是先发展感知后发展思维，先出现外部言语活动后过渡到内部言语活动的。从心理活动特点看，其发展也是从不随意到随意，从具体形象到逻辑思维，从受他人监督调控到自我言语调控。从心理发展的趋向性看，其发展是由不分化趋向分化，由整体反应到细微、精确、集中和定向反应。虽然这种发展的每一过程式在发展的速度上可能有个别差异，可以加速或延缓，但发展的顺序或程序一般却不能改变。儿童心理变化遵循一定的发展顺序，同时每一时期又有相对固有的特性，这就使心理发展具有阶段性。

目前，心理学依据儿童在一定时期内所表现出的共同心理特点和主导活动，将儿童的发展划分为五个阶段：婴儿期（从出生到 3 岁）、幼儿期（3 岁到 7 岁）、童年期（6 岁到 12 岁）、少年期（11 岁到 15 岁）、青年初期（14 岁到 20 岁）。虽然儿童的心理发展按照自身固有的规律进行，但发展的模式各不相同。儿童心理发展的程序是统一的，但其发展的速度则有很大的差异。儿童心理发展是共性与个性的统一。当然人的心理是非常复杂的，其包含的内容非常丰富，表现形式也是多种多样的。教师可以根据自己所面对的学生情况，主要围绕他们这个年龄阶段心理展开学习了解。

2. 规划课程，多元提升

对于教师而言，心理科学技能、能力，并非指的是从事心理理论研究方面，而主要是开展心理健康教育、将心理应用到教学、教育管理中去的技能与能力。如今学生生活环境复杂多变，有相当比例的学生存在着学习、考试、人际交往、环境适应、青春期、与父母沟通等方面的心理问题，这些问题的认识与解决需要借助心理学，特别是心理健康教育。另外，现代社会强调体现以人为本，强调对生命的尊重，对人尤其对人精神生活的关怀，教师应能通过心理辅导以优化学生和班级的心理环境，从而使学生身心健康成长。

为了更好地解决学生在学习和生活中遇到的心理问题，教师需要具备心理科学技能和能力，这种技能和能力不仅是理论上的，更重要的是实践和应用。教师需要掌握一定的心理健康教育技能技巧，以便更好地帮助学生解决心理问题，从而促进他们的健康成长。

在教育领域中，以人为本的理念越来越受到重视，这种理念强调对生命的尊重和对人精神生活的关怀。教师作为学生成长过程中的重要引导者，需要具备心理辅导的能力，以帮助学生解决各种心理问题，优化班级和学校的心理环境，从而使学生能够身心健康地成长。

为了提高教师的心理科学技能和能力，需要通过多种途径进行提升。一方面，教师可以参加各种心理学相关的培训课程和研讨会，学习心理学的基本理论和应用技能；另一方面，教师也可以通过自我反思和实践经验的积累来不断提高自己的心理科学技能和能力。

综上所述，教师具备心理科学技能和能力对于解决学生的心理问题和促进他们的健康成长具有重要意义。通过规划课程和多途径提升，教师可以不断提高自己的心理科学技能和能力，并为学生的健康成长作出更大的贡献。

3. 教学应用，注重实践

在教育实施过程中，教师需运用学习动机的认知理论、个体心理差异知识、学科教学心理及问题解决思维方法等理论来思考和设计教学实施方案。同时，教师还需要具备心理学基础知识，掌握教育科学的基本原理，并了解学生身心发展规律和年龄特点，以及教育理论在实践中的作用。教师还需要能够准确运用心理学知识和教育理论，理解学生的内心世界，掌握针对不同学生的教育策略，从而提高自身心理素质和科学素养。教师需要不断更新教育观念和方法，结合当前学生的特点和时代背景，不断改进教学方法，总结出新时期学生的教育方法，以更好地适应教育发展的需要。

4. 自我调节，有效训练

教师的心理科学素养应包括自我调节能力，以保持健康的心理状态。教师心理健康水平的提升是确保心理健康教育正常、健康开展的关键条件。同时，教师的心理健康状况会直接或间接地影响学生和其他教师的心理和行为，对于教师个人工作的成功与否也具有重大影响。此外，它还直接关系到教师的身心健康、生活质量以及家庭的幸福。教师这一职业与其他社会职业有所不同。相比之下，其他职业的工作者如果出现心理不健康，其所造成的影响往往是局部的、个人的；而一名教师如果心理不健康，其产生的影响则是整体的、社会的、长远的。因此，由于教师不仅是社会活动的参与者，更是青少年的榜样，他们的心理必须是健康或超健康的。教师的心理因素是引发心理问题的内部动因，加强心理自我调节、自觉训练是重塑教师心理科学素养的重要策略。对于教师而言，要学会应对各种矛盾，掌握调控职业压力的方法，主动适应环境，及时调整自己的情绪，并学会缓解社会和环境压力的方法。

第三章 师资队伍人才培养的教师发展

第一节 教师发展的理论进程

教师发展的理论进程可以追溯到 20 世纪初期，随着教育改革的不断深入，教师发展的理论也经历了从传统到现代的演进过程。在这个过程中，人们对教师的角色、职责和能力要求也不断发生变化，从而推动了教师发展的理论进程。

一、传统教师发展理论

传统教师发展理论认为，教师的主要职责是传授知识，因此教师需要具备扎实的学科知识和教学技能。在这种理论下，教师被视为知识的传递者，而学生则是知识的接受者。这种理论强调教师的权威性和中心地位，同时强调学生的被动性和依赖性。这种理论在一定程度上限制了学生的主观能动性和创造力，也限制了教师的教育方式和教育理念。

二、现代教师发展理论

现代教师发展理论的兴起是与教育改革和社会发展密不可分的。在这一理论框架下，教师的角色被重新定义，强调他们不仅是知识的传递者，更是学生发展的引导者和启发者。这一变革不仅深刻影响了教育实践，也对教师的专业发展提出了更高的要求。

（一）教师需要具有广泛和综合性的知识

在现代教育理论的引领下，教师发展的焦点逐渐从狭隘的学科知识和教学技能扩展到更为广泛的综合素养，这一转变反映了对教育者更全面、更深层次发展的迫切需求。传统上，教育体系主要侧重于知识的传递，而现代教育理论强调的是培养学生的全面素养，这要求教师不仅要成为专业领域的专家，更需要具备跨学科的知识视野。

在现代教师发展理论框架下，教育心理学、社会学和哲学等多领域的知识被视为提升教育水平的重要组成部分。教育心理学的运用使教师更加深入地了解学生的心理发展特点，能够更有针对性地制定教学策略，从而满足不同年龄段学生的学习需求。同时，社会学的观念引导教师关注学生所处的社会环境，理解社会文化对学习的潜在影响，使得教育更具社会责任感。哲学的引入有助于教师形成清晰的教育理念，以更加深刻的思考指导教学实践，以便于推动学生思辨和创新能力的培养。

综合素养的强调也意味着教育者需要在教学中融入人文关怀，这并不仅仅是关注学科知识的传递，更涵盖了对学生个体的关怀和尊重。现代教育理论强调培养学生的全面发展，教师应当通过人文关怀引导学生的情感和品德成长。通过建立亲近而积极的师生关系，使教育者可以更好地了解学生的需求，激发他们的学习兴趣，并在教育中传递人文关怀的理念。

在这个背景下，教育者被期望具备更多元的角色，他们不再只是传统的知识传递者，更是学生学习的引导者和启发者，这要求教师具备更宽泛的知识结构，能够更全面地了解学科之间的关联，从而形成跨学科的教学视野。这种全面发展的理念有助于培养学生的综合能力，使其在面对未来的社会和职业挑战时更为适应和有信心。

（二）教师需要具备创新意识和实践能力

在现代教育中，教师发展理论强调了创新和实践能力的重要性，将这两者视为教育者成功应对变化和满足学生差异需求的核心素养，这一理论的涌现也反映了教育环境的不断演变，以及学生个体差异越发显著的现实。

第一，现代教育环境的快速变化对教师提出了更高的灵活性和适应性要求。传统的教学模式逐渐不能满足多元化的学生需求，因此，教师需要采用更多样化的教学方法，以更好地应对学生的差异性，这包括但不限于探索新的技术工具、引入创新的评估方法，以及设计适应性更强的教材。教师要具备善于观察、敏锐感知学生需求的能力，通过灵活的教学方法更好地满足不同学生的学习风格。

第二，现代教师发展理论注重教师不仅需要适应变化，更需要积极参与教育实践的创新。教育领域的创新不仅仅包括课堂教学的变革，还包括教育科研、教育管理等多个方面。教师需要关注教育领域的前沿动态，勇于尝试新的教学理念和方法，从而在实践中不断提升自己的水平。通过参与创新实践，教师能够更好地理解学生的学习需求，并形成更科学有效的教学策略。

第三，创新与实践的理念也要求教师具备自主学习的能力。教育领域的知识在不断扩展和更新，教师需要具备持续学习的心态，通过自主学习不断提升自己的专业素养，这涉及寻找并参与专业发展的机会，积极参与教育研讨会、课程培训等活动，深化对新知识、新理念的理解。自主学习能力有助于教师更好地适应教育领域的动态，为学生提供更为优质的教育服务。

在现代教育理论的指导下，教师发展理论的焦点从单一的知识传递者转为更为全面的教育者。创新和实践能力的强调使得教师在面对日新月异的教育环境时更具竞争力。通过灵活运用多样的教学方法、积极参与教育实践的创新以及持续的自主学习，教师能够更好地应对挑战，并且为学生提供更富有启发性和实践性的学习体验。这种以学生为中心、注重实际应用的教育理念将有助于培养更具创造力和适应性的新一代学生。

（三）教师需要重视个性化和差异化教学

个性化教学和差异化教学在现代教师发展理论中扮演着关键的角色，凸显了每个学生都是独特的个体，因此，教育应当根据他们的独特特点和需求进行量身定制。个性化教学和差异化教学理念在教育领域引起了广泛关注，认为通过关注学生的差异，能够更有效地满足他们的学习需求，并实现更为全面的发展。

第一，个性化教学强调了对学生独特特点的关注。每个学生具有独特的学习风格、兴趣和潜能，因此，教育者应当以个体为中心，精细化地了解每个学生的差异，这要求教师具备更深层次的教育评估和诊断能力，通过多元化的评估手段，全面了解学生的认知水平、兴趣爱好、学习风格等因素。这样的个性化了解为教育者提供了更科学的依据，使得教学更贴近学生的实际需求。

第二，差异化教学强调了在教学过程中，根据学生的不同需求和水平提供差异化的支持，这意味着教师需要灵活运用各种教学策略和方法，以满足学生多样化的学习风格和水平差异。这可能包括不同难度的任务、不同形式的教学资源以及个性化的学习计划。差异化教学的实施需要教师对学生有更为细致的观察和分析，以便更好地调整教学方法，促使学生充分发挥自身潜能。

第三，关注学生个体差异的教学方式有助于激发学生的学习兴趣和潜能。当教学更贴合学生的实际需求时，学生更容易感受到学习的乐趣，更愿意积极参与到学习过程中。这种个性化的教学方式有助于激发学生内在的学习动力，使他们更加专注、主动地参与学习，从而更好地发展自己的潜能。

（四）需要强调教师的合作能力和沟通能力

在现代教育体系中，教师发展理论强调了教师的合作能力和沟通能力，将这两项技能视为成功应对复杂多变的教育环境的关键。这一理论的出现反映了教育领域的巨大变革，认识到在当今社会背景下，教师的角色不仅仅是孤立的知识传递者，更是与多方互动、合作的教育者。

第一，教师的合作能力在现代教育理论中占有重要地位。在教育领域中，每个教育者都是独特且有价值的，而团队合作的模式能够让这些个体教师形成一个更为强大的整体。通过与同事建立密切的合作关系，教师能够共享经验、资源和教学策略，从而提高整体教学效果。共同讨论问题、分享成功经验和共同解决挑战，有助于激发创新思维，推动教学方法的不断进步。团队合作不仅有利于教师之间的专业发展，也为学生提供更为丰富和多元的学习体验。

第二，与同事之间的合作同样延伸到与学生之间的合作。教育者需要建立一种平等、开放的关系，鼓励学生参与到教学决策中来。通过与学生共同制定学习目标、评估学习成果，教师能够更好地了解学生的需求和期望，提高教学的针对性，这种学生与教师之间的合作不仅增强了学生的参与感和责任感，也促使教师更加关注个体差异，更有针对性地提供支持。

第三，教育者还需要与家长进行紧密的沟通和合作。家庭是学生成长的重要支持系统，与家长保持积极的沟通有助于构建一个更有利于学生发展的整体环境。教师应当定期向家长反馈学生的学习进展、问题和表现，与家长共同探讨学生的发展方向和需求。通过有效的沟通，教师能够更好地了解学生在家庭环境中面临的挑战，为学生提供更全面的支持，形成家校合作的良好格局。

第三，沟通能力是一个至关重要的方面。教育者需要善于与各方建立积极、有效的沟通渠道。与同事的协作需要充分的沟通，以确保团队中每个成员的理念得到充分表达和尊重。与学生之间的沟通需要建立开放、信任的关系，让学生感受到教育者的关心和支持。与家长之间的沟通则需要耐心、善解人意，以促进共同的教育目标。

第四，有效的沟通能力有助于教育者更好地理解学生需求。通过与学生建立积极的沟通渠道，教育者可以更全面地了解学生的兴趣、学习方式和问题所在，这种深入的了解有助于教育者更有针对性地调整教学策略，提供更个性化的学习支持。同时，积极的沟通还有助于建立教育者与学生之间的良好关系，并形成积极的学习氛围。

综合而言，现代教育理论对于教师的合作能力和沟通能力提出了更高的要求。通过合作与沟通，教育者可以共同应对教育领域的挑战，实现共同的教育目标，为学生提供更优质的教育服务，这种合作与沟通的理念不仅对教育者个体的专业发展有益，也有助于形成一个更加协同、有活力的教育社群。

第二节 教师发展的多元理解

教师发展是教育领域的重要概念，它涵盖了教师的专业成长、技能提升、知识储备等多个方面。随着教育改革的不断深入，教师发展的多元理解越发受到关注。

一、教师专业成长的多元理解

“教师专业成长是教育事业发展的重要保障，也是教师职业生涯中必不可缺少的部分”①。教师的专业成长是教师发展的核心内容之一。教师的专业成长不仅包括学科专业知识和教育教学技能的提升，还涵盖了教育科研能力的提高和教育资源的整合能力。具体而言，教师的专业成长包括以下几个方面。

（一）教师专业成长的基础：学科专业知识

教师专业成长是一个综合性的过程，其中学科专业知识被视为其基石和根基。学科专业知识不仅仅是教师所从事学科领域的知识储备和专业技能，

① 鞠文龙．教师专业成长的密码［J］．华夏教师，2023（21）：34.

更是教育者提升教学质量、推动学生全面发展的核心要素。在多元理解中，学科专业知识是教师成长的重要维度，直接关系到他们在教育现场中的表现和影响。

第一，学科专业知识涵盖了广泛而深刻的学科内容。教师需要对所从事的学科领域有深入的了解，包括理论体系、实践应用等方面的知识。这不仅包括基础知识，更要涉及学科的前沿动态、研究趋势等方面的信息。只有通过对学科知识的深度挖掘，教师才能在课堂上灵活运用知识，并引导学生深入理解学科内涵，从而培养学生的创新思维和解决问题的能力。

第二，学科专业知识涵盖了教学方法与技能。教师不仅要了解学科知识，还需要掌握有效的教学方法，并善于将学科知识转化为生动有趣的教学内容。这包括如何激发学生的学习兴趣、设计具有启发性的教学活动、运用先进的教学技术等方面的能力。学科专业知识的传授不仅是简单的知识传递，更是通过巧妙的教学手段使学生更好地理解和应用知识。

第三，学科专业知识还要求教师具备不断学习的能力。由于学科领域的知识在不断发展，所以教育者需要保持对新知识和新理念的敏感性，主动追踪学科领域的前沿动态。通过不断的学习和更新，教师可以为学生提供最新的知识内容，使得教育更具前瞻性和针对性。因此，教师在学科专业知识方面的多元理解，既包括对静态知识的积淀，也包括对动态知识的敏感感知和学习能力。

总而言之，在教育实践中，学科专业知识的多元理解不仅仅停留在对学科内容的把握，更需要关注教育者的创新能力。教育领域在不断变革和发展，教师需要具备创新的精神，将学科专业知识与实际教学相结合，形成具有独特教育特色的内容，这种创新不仅表现在教学方法的创新，还包括对学科领域的研究和探索。通过不断探索新的教学策略和方法，教师可以不断提高自己的教学水平，从而更好地满足学生的学习需求。

（二）教师专业成长的要素：教育教学技能

教育教学技能是教师专业成长的重要组成部分，它是指教师进行高效教育教学所必需的各种技能和方法，包括但不限于教学设计、课堂组织、评价反馈等。这些技能不仅直接影响着教育者的教学质量，也深刻地影响着学生的学习效果，因此在多元理解的视角下，教育教学技能被认为是教师专业发展不可或缺的重要方面。

第一，教学设计是教育教学技能中的核心要素之一，它要求教师对教学目标有清晰的认识，并能有效地将这些目标转化为具体的教学计划。教学设计涉及合理的教学结构、科学的知识安排、灵活的教学方法等多个方面。通过巧妙的教学设计，教师能够在课堂上引导学生主动探究，激发他们的学习兴趣，从而提高教学效果。

第二，课堂组织是有效教学的保障。良好的课堂组织不仅要求教师能够合理安排教学进度，更需要他们能够灵活运用教学资源，调动学生的积极性。教育者应当在课堂中注重学生的参与感和体验感，通过各类教学手段营造出积极向上的学习氛围。有条理的课堂组织不仅能够提高学生的学习效率，还能够激发他们的学习兴趣。

第三，评价反馈也是教育教学技能中不可忽视的方面。科学的评价体系可以全面地了解学生的学习状态，促使他们对自己的学习进行深入思考。教师需要灵活使用各种评价手段，包括但不限于考试、作业、项目评价等，为学生提供具体、及时的反馈信息。通过积极的评价反馈，教师能够帮助学生发现自身的优势和不足，从而引导他们更好地制定学习目标，并提高学习动力。

在多元理解的框架下，教育教学技能的全面提升需要教师从多个维度进行不断的自我反思和专业发展。首先，教师需要关注教育领域的前沿动态，并了解最新的教学理念和方法。通过参与专业发展培训、研读教育专业文献，教师能够汲取更广泛的教学经验，提高自己的专业水平。其次，教师需要不断优化自身的教学方法，运用现代科技手段提升教学效果。随着科技的不断进步，新的教学手段和工具层出不穷，教育者应当积极借助这些工具，拓展教学手段的多样性。例如，利用在线教学平台、多媒体资源等技术手段，使教学更具互动性和趣味性。最后，与同事的协作和交流也是教师教育教学技能提升的有效途径。在教学实践中，教师可以互相交流经验、分享教学心得，通过合作学习的方式促进共同进步。在教育团队中，各个成员可以共同思考和解决教学中的难题，形成更有创造力和活力的教育社群。

（三）教师专业成长的关键：教育教学能力

1. 教育科研能力

教育科研能力是构成教师专业成长的关键之一，它代表了教师运用科学方法研究教育教学中存在的问题，以探索教育教学规律的能力。在多元理解的视角下，教育科研能力的发展不仅有助于提升个体教师的专业水平，还对整个教育体系的不断进步起到积极的推动作用。

（1）教育科研能力要求教师具备系统性的研究思维，这意味着教育者在进行科研工作时需要有条理地思考、分析和解决问题，这一能力的发展要求教师能够深入思考教育领域的复杂性，并通过科学的方法来解构、厘清问题，从而为研究提供坚实的基础。例如，一位教师在教学实践中发现学生的学科兴趣普遍较低，这就是一个潜在的研究问题。要发挥教育科研能力，教师需要注意以下方面。

第一，需要深入思考这一现象的原因，可能涉及学科内容的设计、教学方法的选择、学生个体差异等多个方面。通过对问题的仔细拆解，教师能够逐步厘清影响学科兴趣的关键因素。

第二，在拆解问题的基础上，教育者需要归纳相关的研究领域和理论，以获取有关问题的背景知识。例如，研究学科兴趣可能涉及教育心理学、教育技术学等领域的理论支持。通过系统性的文献综述，教师可以更好地理解学科兴趣形成的机制，从而为设计研究方案提供参考。

第三，为了形成清晰的研究问题，教育者需要综合各个方面的信息，明确研究的目的和问题陈述。

总而言之，教师可能明确的研究目的是探究如何通过调整教学策略提高学生对学科的兴趣。通过系统思考，教育者可以形成明确、具体的研究问题，从而为后续研究方案的设计提供指导。总之，为了设计合理的研究方案，教育者需要在系统性思维的基础上进行全面考虑。这包括选择合适的研究方法、明确研究样本、设计有效的数据收集工具等。例如，教师可以采用问卷调查、学科测试、课堂观察等多种方法，以全面深入地了解学生的学科兴趣状态。通过这一过程，教育者能够建立一个完备的研究框架，从而更好地回答研究问题。

（2）教育科研能力需要教师具备良好的信息获取和处理能力。教育领域的知识更新迅速，科研者需要紧跟学科前沿，了解最新的研究成果和理论动态。通过广泛阅读相关文献、参与学术交流活动，教师可以保持对教育领域最新发展的敏感性，为科研工作提供坚实的信息基础。

（3）科研能力还需要教师具备实证研究和数据分析的能力。科学方法注重客观、可验证的证据，因此，教育科研往往需要进行实地调查、设计实验或收集大量的教育数据。教师需要具备处理和分析数据的技能，运用统计学方法得出科学的结论，以支持对教育问题的深入理解。

（4）在多元理解的框架下，教育科研能力的发展还要求教师积极参与学术研究和专业社群。通过参与研究项目、与同行进行学术交流，教师能够深入了解前沿研究成果，并结交更多有相同研究兴趣的同人，从而形成合作研究的机会。此外，教育者还应当在学术刊物上发表研究成果，向学术界和教育实践界分享科研经验和成果。

（5）教育科研能力的多元理解还意味着教师需要关注实际教育问题，注重研究与实践的结合。科研不仅仅是为了追求理论上的突破，更要关注实际问题的解决。教育者应当深入教育实践，并从中发现问题、提出假设，通过科学研究方法验证假设，最终推动实际问题的解决和教育的不断改进。

2. 教育资源整合能力

教育资源整合能力是构成教师专业成长的一个不可忽视的方面，这一能力反映了教师在教育教学过程中，如何灵活运用和整合各种校内外资源，以满足学生全面发展的需求。在多元理解的观点下，教育资源整合能力的不断提升，既是教育者适应快速变革的教育环境的需要，也是为学生成长提供更丰富、更有针对性支持的必要条件。

（1）教育资源整合能力要求教师具备深刻的教育教学理念。教育者需要清晰地认识到教育资源不仅包括传统的教科书和教学设备，还包括社会文化资源、人际关系资源等。在教育理念的引导下，教师能够更全面地看待学生的成长需求，更灵活地整合各种资源，以实现个性化、差异化的教学目标。

（2）教育资源整合能力需要教师具备较高的信息获取和处理能力。在信息时代，各类信息呈现爆炸性增长，如何迅速并准确地获取和筛选有价值的信息成为教育者必备的能力。通过广泛阅读、参与教育研讨会、与同行交流等方式，教师能够不断提升自身的信息获取能力，从而找到适合学生的资源。

（3）教育资源整合能力还需要教师具备协同合作的意识和技能。在现代社会，各类资源分散在不同的单位和组织之中，教育者需要与学校管理层、其他教师、社区资源等建立有效的合作关系。通过协同合作，教育者可以更好地整合各方资源，形成资源共享、优势互补的合作模式，为学生提供更全面的支持。

在多元理解的框架下，教育资源整合能力的提升还需要教师注重专业发展和自我学习。教育领域的知识日新月异，教师应不断关注教育新理念、新技术、新方法，通过专业培训、学术研究等途径不断拓展自己的知识面。这样，教育者才能更加敏锐地捕捉资源的创新点，更好地服务于学生的发展。另外，在实际教学中，教育资源整合能力的发展还要求教师深入了解学生的个体差异，因材施教。教育者需要在整合资源的过程中，根据学生的兴趣、特长、学科水平等因素，有针对性地提供不同形式的资源支持，这有助于更好地满足学生的发展需求，从而推动其全面素质的提升。

二、教师技能提升的多元理解

教师的技能提升是教师发展的重要方面之一。教师的技能提升不仅包括教育教学技能的提升，还包括信息技术应用能力、教育心理学运用能力和团队协作能力的提升。具体而言，教师的技能提升包括以下方面。

（一）教育教学技能的提升

教育教学技能的提升是指教师在教育教学实践中不断加强自身的教学设计、课堂组织、评价反馈等方面的能力，以更好地满足学生的学习需求。这一过程是教育者在教学实践中不断反思、学习、创新的体现，旨在提高教学效果，激发学生的学习兴趣，促使其全面发展。

一个教师在教学设计方面的提升可能表现为对课程内容的深入研究和创新。通过深刻理解学科知识和关注最新的教学理念，教师可以更新教学内容，使其更贴近学生的实际生活和兴趣。

在课堂组织方面，教育教学技能的提升可以体现为更加灵活、富有趣味性的教学方式。通过运用多样化的教学方法，如小组合作、互动讨论、实践活动等，教师能够营造出积极的学习氛围。以数学教学为例，教师可以设计富有启发性的问题，引导学生主动思考，并培养他们解决问题的能力。

评价反馈方面的提升则体现在教师对学生学习过程更为全面和科学的了解。采用多元化的评价手段，如定期考试、作业评价、项目评估等，可以更全面地了解学生的学科水平、学习兴趣和个体差异。

需要注意的是，教育教学技能的提升不仅关注于教师个体的专业发展，也涉及教育团队的协同合作。通过与同事分享教学经验、共同研究教育问题，教师能够从多个角度获得启示，从而不断拓展自己的教育视野。例如，一支跨学科的教育团队可以共同探讨如何在不同学科间建立有机的联系，提供更具整合性的教育服务。

（二）团队协作能力的提升

团队协作能力的提升是指教师在团队中充分发挥积极作用，与同事合作共事，并共同完成教育教学任务的能力。在当今复杂多变的教育环境中，强调团队协作已经成为提高教育质量和推动教育发展的重要途径。因此，教育者需要不断提升在团队协作能力，以更好地应对挑战，从而实现共同目标。

第一，团队协作能力的提升要求教师具备良好的沟通与协调能力。在一个教育团队中，教师需要与其他成员密切合作，以确保信息的顺畅传递，理解和回应团队成员的需求。这包括书面和口头沟通，以及灵活运用各类沟通工具。例如，在教学计划的制订过程中，团队成员可能需要频繁地交流意见、调整计划，而有效的沟通与协调将有助于团队更好地完成任务。

第二，团队协作能力的提升需要教师具备灵活的问题解决能力。在团队协作中，面对各种教学和管理的挑战，教师需要能够迅速而有效地解决问题。这可能涉及理解问题的本质、分析问题的因果关系，并提出切实可行的解决方案。例如，当团队面临学生较大的学科差异性时，教师可能需要调整教学策略，采用差异化教学方法，以满足学生个体化的学习需求。

第三，在团队中发挥积极作用还需要教师具备协同合作的精神，这包括愿意分享知识与经验、支持他人的观点、尊重团队成员的意见。在一个协作的教育团队中，每个成员都是团队的关键组成部分，每位教师的贡献都对整个团队的成就产生影响。例如，一个跨学科的团队中，语文老师可以分享与学科相关的阅读策略，数学老师可以提供解决问题的逻辑思维，这样的跨界协作将促进团队整体水平的提高。

第四，团队协作能力的提升还要求教师具备领导和管理团队的能力。教育团队通常由各种背景和专业的成员组成，团队领导者需要能够协调团队的工作，制定明确的目标，以及调动成员的积极性。例如，一位教育领导者在团队中可能需要制定明确的教育目标，分配任务，激励成员积极参与，以保证团队向着共同的目标迈进。

第五，在教育团队中，跨学科合作的能力也是团队协作的关键方面。跨学科合作要求教师能够理解和尊重其他学科的特点和需求，愿意跨越学科界限，共同探讨解决问题的方法。例如，一支跨学科的教育团队可能包括语文、数学、科学等各个学科的教师，他们需要协同合作，打破学科的壁垒，从而为学生提供更全面的教育服务。

第六，团队协作能力的提升还要求教师具备决策和执行的能力。教育团队在制订教学计划、开展课程改革等方面需要作出许多决策，而团队成员的执行力决定了这些决策的实施效果。例如，一个团队决定推行一项新的教育技术，教师需要在执行过程中密切合作，确保新技术能够有效地融入教学实践中。

第七，教师在专业发展过程中，自我学习是至关重要的一环。随着教育领域知识的迅速更新，教师需要保持对最新教学理念和方法的了解。通过积极参与专业培训、研讨会以及阅读教育领域的研究文献，教师能够不断拓展自己的知识视野，同时更深入地理解教育发展的趋势。这样的自我学习不仅有助于提升个体的专业水平，还使教师能够在团队中更有底气地分享和交流新知识，促进团队整体的专业提升。另外，教育者的专业发展也需要与时俱进。通过参与行业研究、关注学术期刊、参与教学创新项目等途径，教师能够更好地了解前沿的教育趋势和最新的教学工具。这样的专业发展不仅为教师提供了更新的理论支持，也使其在实践中更灵活地运用新方法。因此，注重自我学习和专业发展不仅是教师个体发展的需要，也是团队协作中的重要资源，并且有助于推动整个教育团队朝着共同目标迈进。

（三）信息技术应用能力的提升

信息技术应用能力的提升是指教师具备掌握现代信息技术的能力，并且能够将这些技术与教育教学紧密结合，以提高教学效果。在当今数字化、信息化的时代，信息技术的应用已成为教育领域不可或缺的一部分。通过不断提升信息技术应用能力，教师能更好地满足学生的学习需求，并创造更具创新性和互动性的教学环境。

第一，信息技术应用能力的提升要求教师具备基本的信息技术操作和应用能力，这包括熟练使用计算机、互联网，掌握常用的办公软件、教学平台以及在线资源的检索和利用。例如，教师可以运用电子教案、多媒体资料、在线教学平台等方式，将信息技术有机地融入教学过程，使学生更加直观、生动地理解学科知识。

第二，信息技术应用能力的提升需要教师能够灵活运用多种教育技术工具。教育技术的快速发展为教学提供了多样化的工具，如交互式白板、虚拟实验室、教学游戏等。通过熟练使用这些工具，教师能够创造更具趣味性和互动性的学习体验。例如，在语言教学中，教师可以利用在线语言学习平台，让学生通过语音交流和在线练习来提高语言表达能力。

第三，在信息技术应用能力的提升过程中，教师还应注重数字素养的培养。数字素养不仅包括基本的技术操作，更强调理解和应用数字信息的能力。教师需要培养学生对数字信息的辨识、分析、评估和创造的能力。通过在教学中引入数据分析、信息检索等任务，教师可以帮助学生更好地利用信息技术解决问题，从而提高数字素养水平。

第四，信息技术应用能力的提升要求教师能够结合课程特点和学生需求，巧妙地设计和整合教学内容。教师应考虑如何通过信息技术更好地达到教学目标，并提高学生的学科理解和实际应用能力。例如，在数学教学中，教师可以设计一些在线数学游戏，让学生在娱乐中学习，从而激发他们对数学的兴趣。

第五，信息技术应用能力的提升也需要教师关注个性化教学的实践。通过信息技术，教师可以更好地识别和理解学生的个体差异，以及采用个性化的教学策略和资源。例如，通过在线测评和学习管理系统，教师可以了解学生的学科水平、学习兴趣，从而有针对性地调整教学内容和方法，并提供更贴近学生需求的学习体验。

第六，关注教学过程中的创新。教育技术的不断发展为教师提供了更多创新教学的机会。通过运用虚拟现实技术、在线协作工具等，教师可以创造出更具启发性和实践性的学习体验。

第七，在信息技术应用能力的提升过程中，教师还应注重自身的专业发展。通过参与信息技术培训、学习最新的教育技术趋势，教师能够不断提升自己在信息技术领域的知识和技能，并保持对教育技术的敏感性。这样，教师不仅能够更好地应对技术更新带来的挑战，也能够更灵活地运用新技术来提高教学效果。

（四）教育心理学运用能力的提升

教育心理学运用能力的提升是指教师通过学习和掌握教育心理学理论，将其有机地运用到教育教学实践中，以更深刻、全面地了解学生的心理特点，并能够有针对性地采取措施，促使学生健康成长。在教育领域，理解学生的心理发展、学习过程、行为特点等，对于制定有效的教学策略和关注学生全面发展具有重要意义。

第一，教育心理学运用能力的提升需要教师对教育心理学的理论体系有深入的了解。教育心理学是研究个体在教育环境中学习和发展的科学，包括认知发展、社会情感发展、学习理论等多个方面。通过深入学习这些理论，教师可以更好地理解学生的心理特征，并把握他们在不同阶段的需求和困扰。例如，通过了解学生的认知发展阶段，教师能够更好地设计符合其认知水平的教学内容，从而提高教学的针对性和有效性。

第二，教育心理学运用能力的提升要求教师能够运用心理学知识进行个性化教学。每个学生都是独特的个体，其心理特点各异。通过运用教育心理学理论，教师可以更好地了解学生的学习风格、兴趣和动机，从而为他们提供更为个性化的学习支持。例如，在教学中运用多样的教学方法和评价方式，以满足不同学生的学科需求，从而激发他们的学习兴趣，推动个体发展。

第三，教育心理学运用能力的提升还强调教师对学生情感和社会发展的关注。情感和社会因素在学生的学习和成长中起着重要作用。通过学习社会情感发展理论，教师可以更好地理解学生在学校和社会中的交往和情感体验，有助于建立更亲近、支持的教育环境。例如，在课堂中注重培养学生的合作精神、情商，通过情感教育促使学生更好地适应集体生活，并培养积极向上的情感态度。

第四，教育心理学运用能力的提升需要教师具备有效的教育评估和诊断能力。通过学习评价理论和方法，教师可以更全面地了解学生的学科水平、学习态度和自我认知，为个体制定有针对性的教育方案。例如，通过定期的课堂评价和学业测评，教师可以更准确地了解学生的学科掌握情况，及时调整教学策略，从而帮助学生解决学习中的困难。

第五，教师需注重与学生的沟通与建立良好的师生关系。通过与学生建立有效的沟通渠道，了解学生的想法、需求和困扰，教师能够更加细致入微地运用心理学知识，为学生提供更贴心的教育支持。例如，通过定期的个别谈话，教师可以更好地了解学生的家庭背景、兴趣爱好等，有针对性地给予学业和心理上的帮助，最终形成师生之间的信任和理解。

第六，教师需要关注学科教学和课堂管理的结合。教育心理学理论不仅应用于个体学生的心理发展，还应用于引导教师如何设计课程、管理教学过程。例如，在课堂中通过合理安排学生的学习任务，激发学生的学习兴趣，并培养他们的学科思维和解决问题的能力。

第七，教育心理学运用能力的提升需要教师关注自身的情绪管理和职业发展。教育工作的复杂性和压力使得教师需要具备有效的情绪管理能力，通过学习心理健康知识，提升自身的心理素质。同时，教师还应不断关注教育心理学领域的研究和发展，保持对新理论的敏感性，推动自身的职业发展。

三、教师知识储备的多元理解

教师的知识储备是其专业成长的关键要素之一，主要涵盖以下方面：

（一）跨学科知识

跨学科知识是指教师不仅具备在特定学科领域的专业知识，还拥有广泛的知识面和跨学科的视野，这种知识涵盖了多个学科的内容，使教师能够更全面、综合地理解教育的复杂性，并将不同领域的知识相互融合，从而应用于教育教学的实践中。

第一，跨学科知识的具备使教师更加全面理解学科之间的相互关系。通过学习不同学科的知识，教师能够认识到这些学科之间的内在联系，从而更好地设计跨学科整合的教学内容。

第二，跨学科知识的应用使教师更灵活地运用多元的教学方法。教育领域的发展要求教师能够更具创新性地设计教学内容，以满足学生多样化的学习需求。通过融合不同学科的知识，教师可以设计更为丰富多彩的教学活动，从而激发学生的兴趣。

第三，跨学科知识的具备有助于培养学生的综合素养。现代社会对个体要求不仅具备专业知识，还需要具备跨领域的综合素养。教师通过融合多学科知识进行教学，可以培养学生综合运用知识解决问题的能力。

第四，跨学科知识的应用对于培养学生的创新能力具有积极影响。现代社会强调创新与发明，而创新往往涉及多个领域的知识。通过教师在教学中融合跨学科的知识，可以激发学生的创新思维。

第五，跨学科知识的应用还能够更好地满足终身学习的需求。随着社会的不断发展和知识的更新迭代，终身学习成为一种重要的能力。教师通过培养学生跨学科知识的获取和整合能力，为其提供了更好的终身学习基础。这种能力使学生能够更好地适应未来社会的发展变化，以及更灵活地面对各种复杂的问题。

（二）教育教学理论知识

教育教学理论知识是指教师在专业领域所掌握的广泛知识体系，涵盖了教育学、心理学、教学设计、评价反馈等多个方面的理论和方法。这些知识是教师职业发展和教学实践的基石，对于提升教学质量和学生发展具有重要的意义。

第一，教育教学理论知识中的教育心理学对于理解学生的心理发展和学习过程至关重要。通过学习教育心理学，教师能够深入了解学生的认知、情感和社会发展特点，并且有助于根据学生的个体差异制定差异化教学策略。例如，了解学生的学习风格和兴趣爱好，教师可以更有针对性地设计教学内容，提高学生的学习动机和效果。

第二，教育教学理论知识中的教学设计是指教师在课程设计和教学过程中的具体规划。教育者通过研究不同的教学设计理论，能够更好地组织教学内容，设计活动，以此提高教学的系统性和针对性。例如，采用任务型教学设计理念，教师可以通过设定实际任务，激发学生的学习兴趣，提高学习的实际应用性。

第三，评价反馈是教育教学理论知识中不可忽视的一部分。教师通过学习不同的评价理论，能够更科学地制定评价标准，并提供有针对性的反馈，帮助学生了解自己的学业水平和进步方向。例如，采用了 ative assessment 理论，教师可以通过频繁的小测验和反馈，促使学生在学习过程中不断调整学习策略，以提高学习效果。

第四，教育教学理论知识还包括了对学习理论的研究，帮助教师更好地理解学生学习的本质和规律。通过学习不同学习理论，教师可以更好地把握学生的认知过程、信息加工方式以及记忆规律，从而为教学提供更为科学的指导。例如，通过认知建构主义理论，教师可以更加关注学生的思维过程，并引导他们通过思考和交流建构知识。

第五，教育教学理论知识中的跨学科性质还包括了社会学、哲学等多个领域的知识。教师通过学习这些知识，能够更好地理解教育活动背后的社会文化背景，有助于更好地引导学生面对社会的复杂性和多样性。例如，通过社会学的角度，教师可以更好地理解学生的家庭和社会环境，有助于制订更为贴近学生实际情境的教育计划。

（三）职业道德知识

“教师职业道德是指教师在教育劳动中应当遵循的道德规范和应当具有的道德观念与道德品质”[①]。

1. 知晓教师职业道德理论

教师职业道德可称为师德，师德师风是评价教师素质素养的第一标准。师德是指从事教师职业或担任教师角色的人在教育教学活动中应当具备的道德素养和职业品格，它具有职业道德和角色伦理的双重意蕴，规定了教师的基本行为准则，并指向教师为人处世的大格局与高境界，具有一定的社会强制性，又蕴含着教师个体自律、自觉、自主、自由的维度。

师德一般是指教师道德或教师职业道德。职业道德是从业人员在职业活动中应该遵循的行为准则和所应当具备的素养或品格，它不同于一般的道德，后者通常与经济等有明确的界限与分别，而职业道德往往包含基本的法律、规则意识。作为一种具体、特定的职业道德，师德既蕴含着贯穿一切职业道德的一般性，又因教师这一特定职业而具有特殊性。就其一般性而言，师德涵盖了爱国、遵纪守法、爱岗敬业等方面的内容，这是从事任何职业的人都应当遵循的基本行为准则；就其特殊性而言，师德则涉及教师在教育工作及相关活动中应该具备的道德素养和职业品格，包括关爱学生、为人师表、遵循教育之道等内容。

（1）师德既是一种职业道德，也是具有角色伦理的意蕴。教师如同医生、律师、厨师等，首先是作为一种社会职业而存在。任何职业都有其自身的规范和要求。作为教师职业道德，师德即体现了社会对教师这一职业的有关规定和要求。具体而言，这主要涉及法律、道德和专业精神等方面的规约。教师在道德方面，应该具备良好的品德，应该以仁爱、公正之心对待学生，应该以身作则、率先垂范；专业精神方面，应当热爱教育工作，兢兢业业、专心致力于教育事业，遵循教育之道培养人才，应当重教、乐教、善教。师德既可从教师职业道德的意义上来把握，亦可从角色伦理的视域加以理解。处在社会关系中的人往往享受一定的权利并承担相应的职责和义务，并希望在种种具体的人际关系及有关活动中实现自我价值、创造人生价值，“角色”

① 李荣英．浅议教师职业道德［J］．新校园（中旬刊），2017（2）：184.

即人在诸种社会关系及相关活动中的一种定位，“角色伦理”则是人如何处理好各种社会关系及合理展开人际活动的道德伦理规范。

教师作为一种社会角色，和其他社会角色相同，是在人际关系中被建构和被规定的，这涉及教师和学生、教师和家长、教师和教师、教师和学校、教师和社会、教师与国家等多重关系。就其中最主要的师生关系而言，教师和学生之间不是一种“我—他”关系，即并非主体和客体、主体和对象、自我与他者的关系，而是“我—你”关系，即主体和主体的关系，这意味着教师和学生之间应当相互关爱、相互尊重、相互交流、相互促进、相互成就。

关爱学生、尊重学生，即教师角色伦理的基本要求和基本内容。当然，由于从事教师职业的人不只是担任教师这一角色，还可能是社会公民、家长、子女、领导等不同角色的承担者，所以这必然涉及如何处理多个角色之关系的问题。再加之教师担负着育人育才、培养贤达的重任，所以自身必须是身正、学高、技精的人之模范。故而师德往往也关联乃至渗透着社会公德、家庭美德和个人品德，而不只是停留于教师职业的行规。

（2）师德既规定了教师施教育人、行事作为的基本准则，也指向教师为人处世的大格局与高境界。教师职业道德先蕴含着教师行业的底线伦理，规定着教师的基本条件和基本素养。例如，对教育工作的认真、负责，对学生的关爱、尊重，对教育规律和法规的认同、遵循，对教育之道的专精、熟稔，这些都是师德最基本的规定和要求，是衡量一位教师是否合格的基本标准，也是一个人成为教师的资格条件。当然，由于教育的目的不仅仅在于让人懂得生活常识、获得某种具体知识、掌握某种专业技能，更在于使人拥有健全的人格、独立的尊严和自由的思想，所以无论是社会公众还是教师个人，对教师这一职业、这一角色都有更高的期待和要求，尤其是对教师的品德有颇高的期望。

（3）师德既涵括了社会强制性的要求，又包含教师个体自律、自觉、自主、自由的意蕴。既然师德规定了作为教师的底线，它就势必具有一定的强制性，这种强制性体现在，作为一名教师，必有其该当履行的义务和职责，必有其应当遵循的基本行为准则，亦必有其应当具备的政治立场、法规意识、品德修养和专业素质。例如，爱国守法、爱生重教、爱岗敬业、认真负责、专业专精等，这些都是教师必须做到的方面。

自古至今，人们对教师的期待和要求一般超越或高于从事教师职业、承担教师角色的底线，往往认为教师就应当是为人师表、品行优良、情操高尚、三观确当、学识渊博、专业精湛、献身教育、大爱无私、甘于奉献的“良师”或“人师”。换言之，唯有如此这般的“良师”或“人师”，才是人们心目中的好老师，这样的师者绝不只是被动地按照教师职业的底线伦理去行动，而是在其发自内心的教育理想、教育热情的激发下，积极承担教师使命，自觉遵守师德规范，自主践行教育精神，自由创造教育价值并实现其个人价值与社会价值，这充分彰显了教师的主体性、能动性，无疑也是师德观念的题中应有之义。

2. 明晰教师职业道德特征

（1）先进性特征。先进性是教师职业道德的一大特征，教师在教学方法的设计中，需要充分分析学生的特点，有针对性地设计教学方案，这不仅要求教师具备过硬的专业知识与技能，还要具备细致入微的观察能力。在教学中，针对课程内容选择适当的教具，并培养学生的动手能力，以启发式教学的形式调动学生的兴趣，从而吸引学生的注意力；形成教师为主导，学生为主体的教学氛围，建立健康的师生关系；让学生在和谐、愉快的学习氛围中生活、学习。

（2）示范性特征。教师职业是一种道德服务，教师本身的人格、道德修养就是一种教育力量，教师的言行举止和思想道德观念，对学生、对社会都有示范作用，学生必然耳濡目染。教师师德具有教育人、感化人的作用。无论是教师个人的道德品质，还是教师的集体风貌，都具有独特的示范性。要做未来人的雕塑家，就要求教师不仅要用渊博的学识教育人，还要用高尚的人格感染人，努力使自己成为学生直接模仿的典型，对学生的学习和成长起到示范作用，从而成为学生做人的引路者。

总体而言，示范性是教师师德的重要体现方面。学生会将老师当作一个特别厉害的存在对其行为和语言进行学习，从而在学习过程中自觉、不自觉地对教师进行模仿学习。基于此，教师要更加重视自己的言行举止，以给学生留下更加正面、积极向上的影响，使其自觉学习那些好的行为举止和处事方式，从而为学生今后发展打下良好的基础。

（3）社会性特征。教师师德作为一种社会意识，是一定社会道德关系的体现，它最显著的特点是社会性，所以它必然要反映一定历史条件下的某种社会关系和社会价值观。教师积极践行社会主义核心价值观，一方面可以用自己坚定的理想信念、高尚的职业道德为学生和社会的发展树立崇高的道德标杆，并推动社会良好道德风尚的形成；另一方面，教师修身立德、为人师表，其崇高的师德不仅能抵制社会的不正之风，还能用自己的言行去感染和影响社会，进而促进和谐社会的发展。

（4）深远性特征。如果一位教师拥有崇高的职业道德理想，散发着令人尊敬的人格魅力，那么他将成为强有力的教育力量和榜样，并且对学生的成长将产生深远的影响，甚至影响到他们对人生道路的选择。就影响广度而言，教师道德不仅影响在校学生，还会通过学生影响到学生的家庭，并通过家庭延伸到周围社区甚至整个社会。从影响深度而言，教师道德在教育过程中不仅作用于学生的感官，还深入学生的心灵，影响并塑造学生的品质；不仅影响学生在校时期的成长，还会影响他的一生，进而影响到整个社会的发展。尤其是对学生而言，这种影响会延伸到他学习、生活的各个方面，因为一个人的思想观念一旦受到影响，那么他随之产生的行为也会发生变化。

教师师德的影响深入学生的心灵，不仅影响到学生的今天，而且影响到学生的未来，甚至影响其一生。这种影响具有潜在性，它所产生的效果不一定立竿见影，往往具有迟效性和后显性。教师师德的影响还具有广泛性，它不仅作用于每一个学生，而且会通过学生影响到家庭和社会。

（5）自觉性特征。教师是以个体的脑力劳动作为主要的劳动方式，这一劳动方式具有独立性、灵活性和自主性的特点。教师的许多工作，诸如教师精心备课、认真批改作业、平等友爱地尊重并教育学生，真诚有效地与家长沟通等，都是处于无人监督的情况下，需要教师自觉地完成。此外，教师对学生的教育和影响并不仅仅局限在课堂和学校，在任何时间、任何地点，教师都会自觉或不自觉地对学生产生影响，这种劳动时间和劳动空间的灵活性，要求教师在遵守职业道德方面具有高度的自觉性。总而言之，师德的高度自觉性对学生成长的影响至关重要。

基于教师责任的重大及其劳动的特殊性，因此，教师师德对教师自觉性的要求就提高了，基于教师个人理念，往往对自身也有较高的要求。

（6）继承性特征。教师师德具有继承性。一视同仁也是教师应该具有的品德，对于教师而言，所面对的学生虽然有诸多差异，会使得老师心中更加偏爱某一部分学生，但这是不可取的做法。因为每个学生都是特别的，他们身上都有着自己的优缺点，作为教师必须对其一视同仁，让所有学生都能感受到教师的关怀和爱护，从而营造一个良好的教学环境和师生关系。为了更好地做到这一点，教师可以积极参与到学生们的活动中，在活动的过程中对学生的个性和闪光点进行充分挖掘，而且这种平等沟通对话的形式也可以促进学生对教师的喜爱程度，使其更自觉地听从老师的建议，从而在课堂上表现得更好，由此，会更有利于教师进行教育教学。

3. 理解教师职业道德意义

教育不仅对文明发展和传承有重要意义，还对社会和个人的存在与发展起着关键性的作用。一个社会得以形成，需要社会成员愿意和能够遵守社会规范，而这又要求通过教育的过程把社会的价值和规则传递给社会成员。古代把教育称为“教化”。教化包含两个部分：教和化，教只是表面上的知识传递，化才是把所教内容内化为自己的一部分。每个人从一个生物意义上的人成为一个社会的文明人，这都是在教育的帮助下实现的。承担教育的教师是完成教育使命的执行者、推动者和创造者，教师的个人素质直接影响到教育使命的完成情况，该素质包括能力、个性、品位、思想观念等，其中最为关键的是教师的道德水平和价值立场。

教师道德水平的高低直接影响受教育者的教育效果，所以师德是决定一个教师是否配称教师的根本标准，是决定一个学生在校环境的根本因素，是决定教育活动能够达到预期效果的内在动力。把师德问题提升至教育活动的首要问题是教育发展的必然要求，也是事关教师、学生和社会切身利益的根本问题之一。

（1）师德是教师立身之本。师德是教师从事教育工作的道德前提和价值要求。相较于社会其他职业，教师的工作具有独特性，工作范围既清晰又模糊，工作任务既明确又广泛，工作成效既及时又长远，这是因为教师所承担的任务是为社会培养人才。教师培养人不仅是让学生掌握某种知识或某方面的技能，而且要培养国家发展和民族未来的承担者，这必然要求其包含全方位的素质和能力，其主要的是道德素质。如果所培养的人在遵守社会规范和道德要求上有缺陷，非但不能令其成为社会的建设者，反而有可能成为破坏者，这就要求教师本人的道德水平是较高的，道德立场是正确的，道德情感是饱满的，道德动力是充足的，道德意志是坚定的。

第一师德是教师工作的动力源泉。师德是教师完成好教育工作最稳定、最持久和最高尚的动力。

一是，师德是教师辛勤工作最持久的动力。具体而言，教师所承担的工作事项繁杂，包括上课讲学、日常管理、后勤服务、关爱学生、沟通家长、社会服务等，教师面对的每一项工作都比较繁杂。更为关键的是完成每一件工作所要求的不仅是能力，还要求健康的态度和充足的热情，否则就会影响工作的效果和工作的动力。而这当然要求教师具有较高的师德水平，持之以恒地完成各项工作。

二是师德是教师面临和处理困境最坚定的动力。教师在从事教育工作过程中，难免会出现各种问题和困境，例如教学过程中遇到的课堂秩序问题、教学效果问题等，在职业发展中遇到的成就认可问题、职称评定问题、与同事或家长沟通问题、职业倦怠问题等，这些问题都是教师容易遇到的困境，如果仅从客观激励或成果回报等方面来寻求走出困境的动力，都是难以保证的，而只有教师基于自己的师德立场，把热爱教育、为国育才、关爱学生、奉献社会等师德观作为自己的动机，才能在面临各种困难时欣然面对、有效解决。总之，师德是教师乐教爱教最纯粹的动力。

教师从事教育行业的原因和动机多种多样，如果教师投身教育行业的动力大多源于某种外在因素的刺激，那么便会面临一个共同的问题，就是其预期的回报并不一定会实现，且这会给个人乐教爱教的信念带来影响，而只有把师德作为自己从事教育工作的动力，才能摆脱工作动力对外在因素的依赖，从而让自己能够全身心地奉献于教育工作。

第二，师德是教师身份认同的内在因素。

一是师德是教师在从事教书育人过程中形成教师身份认同最核心的因素。师德是教师形成职业认同的基础。教师虽然属于社会各职业中的一种，但是教师和其他职业相比具有自身的职业特色和道德要求。成为一名教师不只是一个身份标记，更是一个不断成长与完善的过程，在这一过程之中需要承担各种与教学或学生相关的事务，且所有的事务都要求教师具有较高的师德水平。

二是师德是教师形成社会形象认同的前提。教师相比其他职业，在社会大众的印象中往往传递的是一种正面形象，这一正面形象不仅是因为教师的工作成就，更因为教师在为社会和国家培养人才过程中所展现的奉献精神和形成的道德榜样，由此使社会公众对教师的道德要求相对更高一些。如果教师自身未对教师的这社会形象有充分的理解和认同，就会容易对自己形成道德压力。而教师若从师德角度来理解教师职业的特殊性和其社会地位的形成机制，就会认同教师的这一社会形象，把社会对自己的期待和要求变成自己对自己的期待和要求。

三是师德是教师建立成就认同的基石。教师的成就当然需要表现为教育工作的成效，包括培养优秀人才、获得单位嘉奖、赢得家长和社会认可等。但是，很多时候教师的工作并不一定会立即看到成效和回报，因此可能出现被学生无视、被家长误解、被学校忽视的情况等。教师在面对自己大量付出不一定有相应回报甚至无回报的情况时，若用客观的评估标准来衡量自己的贡献，就很容易出现辛勤付出却被忽视的情况。因此，教师应该从师德的角度来看待自己的工作成效与贡献，以实际帮助学生的学习和成长为最终依归。

第三，师德是教师人生幸福的价值保障。每个人的人生目标应该是指向幸福，也有权利去追求幸福，教师也不例外。教师在辛勤奉献于教育事业的同时，也应当获得某种形式的回报。教师作为生活于现实条件中的普通人，需要承担自己的家庭责任和社会责任，并有追求自己幸福的权利。因此，教师有权利要求在奉献之余获得某种形式的回报，这就是感性的幸福。回报又可以分为物质回报和精神回报，前者指工资及其他物质福利等，后者指晋升机会、组织嘉奖、职业荣誉等，这些都是教师在工作之中有权利获得的。

需要注意的是，在现实情况中，教师所能得到的回报并不一定令人满意。例如，所付出的努力不一定符合组织嘉奖的条件或指标，或者因一些其他原因无法及时被肯定和表彰等，这些都是有可能在现实中发生的情况。教师的幸福若是完全寄托在这些内容上面，很容易出现幸福难得的窘境。此时需要强调道德幸福，道德幸福是因为自己履行了道德的使命而感到幸福，简而言之，就是为了实现他人的幸福而感到幸福，前提是自己只出于履行道德义务的动机而非其他。教师承担的所有工作都朝向一个共同的目的，就是通过提升学生的综合素质来帮助学生获得人生幸福。总而言之，教师奉献的动机应该是看到自己培养的学生不断走向成功的人生而感到幸福，这种因师德带来的幸福才是持久的、可靠的、高尚的和纯粹的。

（2）师德是学生成才之依。师德是学生在学习、成长、成才过程中不发生方向偏差、不遭遇身心伤害、不出现学无所成情况的重要保障。在教育活动过程中，学生相对而言处于被动的地位，因为学生的主要使命是学习，即习得各种文化知识、价值观念和实践技能，他所学的重要来源之一就是教师。换言之，教师在很大程度上影响了学生的学习范围、程度和方向。学生作为知识的接受者，对于教师所传递的知识、观念和价值往往缺乏辨别力，这并不是因为学生的能力和态度问题，而是因为学生所学内容还缺乏社会实践的检验或其他知识的比较，往往导致教师教授哪些内容，或者教师以怎样方式身体力行，都会直接或间接地被学生接受。

如果教师师德存在瑕疵或有问题，例如，态度不端正、知识陈旧或错误、价值观念扭曲等，必然会直接影响学生的学习效果和理想信念。教师个人的道德品质与学生的成长直接相关，教师希望培养何种学生、培养学生的何种素质以及为谁培养学生，不同的师德立场所得到的答案是不一样的。因此，学生的成才之路需要有高尚师德的教师来引领，让学生朝着更加正确、有效和光明的方向进步。

第一，师德是学生学习科学知识的外在保障。

一是师德是学生学习内容的“防护栏”。学生在校期间的首要任务是学习，而学习的内容最为根本，它影响着学习方向、效果和价值，而决定上课内容的毫无疑问就是教师。虽然教师的知识结构、知识储备、学习能力、讲解能力、理解能力、记忆能力等客观方面的因素会影响学生学习的内容，但作为教师主观因素的师德水平和立场同样不容忽视，如因缺乏甘于奉献的精神而对授课的内容马虎了事，因缺乏创新探索的精神而未去持续更新授课内容，因缺乏求真务实的精神而对授课的内容不加甄别，因缺乏健康正确的“三观”而故意传播错误有害的知识等。

二是师德是学生学习环境的“防护栏”。学生在校学习的效果除跟自身的能力、素质、态度和方法因素相关之外，在校期间的学习环境也是影响学习效率的重要因素。所以营造一个良好的学习环境是保障学习效率的重要条件，而师德直接影响学习环境的质量。一个负责、用心的教师除了会营造学生学习的客观环境，如课堂纪律、校园环境等，也会营造学生学习的心理环境，如积极健康的学习氛围、和谐融洽的师生关系、丰富有益的文化环境等。做到这些方面都需要教师具有高度负责、乐于奉献和热爱学生的良好师德。

三是师德是学生学习目的的“防护栏”。毫无疑问，学生在校学习的直接目的就是通过习得科学文化知识来全方位地提升自己，但是现实的情况是学习还有另一个重要目的，就是通过学习成绩的排名来获得竞争的优势和选拔的机会，这导致学生把学习目标定位于这一竞争性之上，由此必然影响为了自我成长和自我提升而学习的根本目的。一个对学生未来充满责任感的教师必然会纠正学生的狭隘观念，从而引导学生把学习目的和方向定为全面提升自己。

第二，引导学生提升自身道德素质。加强教师师德建设，全面提升教师整体的思想道德修养与职业素养，能够使学生在潜移默化中接受教师的感染与熏陶，自觉以品德高尚的教师为榜样，自觉加强自身的思想道德修养，提升自身道德素质，让学生不会形成错误的“三观”。“三观”是每个人生存于社会之中都会持有的观念系统，“三观”的好坏、正误和高低都会直接影响个人的生存实践。正确的“三观”是一个成功的实践者、合格的共同体、成员和优秀的国家公民所应具有的，而获得正确“三观”的最重要时期便是在校学习期间。学生的使命除获得知识之外，更为重要的就是塑造自己的“三观”。在学生“三观”塑造中，教师的关键作用可分为直接作用和间接作用，直接作用包括直接讲授“三观”内容及规范，而间接作用则是通过教师的示范性作用传递给学生。无论是直接作用还是间接作用，教师的师德发挥着前提性的作用。师德是教师影响学生“三观”的力量之源，一旦教师的师德出现了问题，就会把有问题的“三观”传递给学生，这给学生和社会造成的负面影响是难以衡量的。

（3）师德是教育向善之基。教育的使命之一就是培养更好融入社会共同体的成员。简言之，教育的内容就是传递知识和传递价值，在两者之间价值更为根本，因为价值是人生存活动的依据和目的，人类追求知识本质上还是为了追求价值，所以教育在求真、向善和爱美之中，最为根本的是向善。在古今中外的教育发展史中，教育的向善维度也是教育思想家们最为重视的，如孔子、柏拉图、亚里士多德、洛克、卢梭、夸美纽斯、蔡元培、陶行知、杜威等都非常重视教育的向善价值。只有通过教育的向善性把学生引向向善的方向，才能培养出更多具有善的品质和德行的人才，从而为社会的发展和进步作出积极的贡献。另外，学生在对哪些是善良、正义、公平、伟大有着清晰的认知之前，需要教师向学生传递正确的理解和含义，需要让学生明白哪些是值得表扬的行为，哪些是应该谴责的行为，哪些是值得效仿的行为，哪些是必须警惕的行为，这便是教育的最高使命。培养人首先是教会做人然后是做事，在做事中学会做人，只有把做一个向善之人作为教育的本义，教育才能发挥文明基石的作用。而教育要完成这一使命的前提是教师具备应有的的师德水平和立场，只有向善之师才能进行向善教育，从而才能培育向善之才。

第三节 教师发展的活动策略

一、建立教师发展制度

建立完善的教师发展制度是推动教师成长的重要保障，这一体系涵盖了多个方面，其中包括制订教师发展规划、设立教师发展基金、建立教师发展档案等一系列措施，以全面促进教师在职业生涯中的发展与提升。

第一，制订教师发展规划是教师成长制度中的关键环节。通过制订个性化、可操作的教师发展规划，可以使每位教师更加明确自己的职业发展方向和目标，这需要根据不同教师的个体差异、专业特长以及教育阶段的需求，量身定制相应的发展计划，既注重短期目标的达成，又关注中长期职业发展路径的规划。这样的规划有助于激发教师的学习动力，进而促使其在教育教学实践中不断提升自身水平。

第二，设立教师发展基金是支持教师成长的实际措施，这一基金的设立旨在为教师提供经济支持，以便他们能够参与各类专业培训、学术研究和教育创新项目。通过这种方式，教师能够更加积极主动地投入各种发展活动中，并不受经济方面的制约，这不仅有助于拓宽教师的知识面，提高专业水平，也推动了学校整体的师资力量的提升。

第三，建立教师发展档案是教育机构为了更好地管理和关爱教师而采取的一项有效措施。档案记录了教师的个人基本信息、工作履历、专业培训、科研成果等方面的信息，旨在全面了解每位教师的发展轨迹和业绩表现。通过建立档案体系，学校可以更有针对性地为教师提供个性化的职业发展指导，并及时发现和解决可能影响教学质量的问题，从而推动教师的全面成长。

二、定期组织培训与研修

定期组织教师参加各类培训和研修活动是提高教师专业素养的重要途径，对于适应教育发展、不断提升教学水平至关重要。这一过程不仅为教师提供了深度的学习机会，也为他们开拓了教育思路，促使他们更好地适应现代教育的多元化和复杂化。

定期组织培训与研修，首先，培训和研修的内容应该涵盖广泛的教育教学理论、教学方法和技巧、教育科技应用等多个领域。教育教学理论的深入学习有助于教师厘清教育的内在规律，使其在教学中更具系统性和科学性；掌握多样化的教学方法和技巧，使教师能够更灵活地应对不同学生的需求，从而提高教学的个性化和差异化水平；教育科技的应用也是现代教育不可或缺的一部分，培训和研修内容应该包含使用新技术、在线教育平台等方面的知识，以推动教学方式的创新和升级。其次，注重培训和研修的实效性至关重要。培训和研修不应仅仅停留在理论层面，更应该强调实际应用。为确保实效性，培训机构应设计具体、可操作的教学案例，从而引导教师通过实际操作来巩固所学知识。同时，鼓励教师将培训成果运用到实际的教学实践中，通过不断的试错和调整，形成适合自己风格和学科特点的有效教学模式。只有实效的培训和研修，才能真正推动教师的专业发展，使其在实际教学中能够更加游刃有余地应对各种情境。

三、组织教师观摩与交流

组织教师观摩优秀教师的教学过程，并开展交流和讨论，是促进教师专业成长的重要手段，这一过程不仅为教师提供了直观的教学案例，还为他们创造了深入思考、交流经验的机会，从而推动教学水平的不断提升。

第一，通过观摩优秀教师的教学过程，教师可以深入了解成功的教学案例，领悟到教学的多样性和灵活性。观摩不仅仅是对教学技巧的观察，更是对教学理念、师生互动、课堂管理等多个方面的感知。在观摩的过程中，教师可以从优秀教师身上学到更多的教育智慧和实战技能，并对自己的教学方式进行潜移默化地启发和改进。

第二，开展交流和讨论是巩固观摩效果的重要环节。通过和同事们分享自己的观摩体会，教师们能够在对话中相互启发，共同思考如何将观摩中学到的经验运用到实际教学中。交流讨论可以激发教师的思维火花，使他们更加清晰地认识到教学中存在的问题和改进的方向。这种相互交流不仅增进了教师之间的团队协作，也促使他们在教学实践中更加积极地思考和创新。

第三，除观摩和交流，定期举办教育研讨会、教学经验分享会等活动也是推动教师专业成长的有效途径，这些活动为教师提供了一个更加开放和广阔的学术平台，使他们能够深入研讨教育领域的热点问题，并分享成功的教学实践，从而激发教育创新的思维。这种形式的活动不仅拓宽了教师的学科视野，也增进了他们对教育事业的热情，进而形成了一个共同学习、共同进步的教育团队。

四、进行教学实践与反思

在推动教师专业成长的过程中，倡导教师将所掌握的学科知识和教学技能应用到实际教学中，通过反复的教学实践来验证个体成长的成果，是一项具有学术深度的重要措施。这一策略旨在构建教学实践与理论体系的有机结合，以促进教师的实践智慧和专业素养的全面提升。

第一，教师在应用知识和技能到实际教学中时，需注重深入理解学科知识的内涵和教学技能的多样性。例如，在数学教育领域，教师在教学实践中不仅需展示对数学概念的深刻理解，还需要熟练运用各种教学策略，以满足学生多元化的学习需求。这种理论与实践的结合不仅能够提高教师在教育教学实践中的专业水平，还能够促使他们深入思考和研究，并为学科教育的创新提供坚实的理论基础。

第二，鼓励教师进行教学反思的习惯是一种重要的学术性实践。通过对教学过程的深入剖析和批判性思考，教师能够更全面地认知到自己在课堂中所面临的问题和挑战。例如，教师在教学反思中可能会意识到某个学生对文学作品理解较为困难，于是可以通过调整教学方法，并提供更多的辅助材料，以促使学生更好地理解文本。这种反思和调整的过程既是一种学术性的实践，也是教师不断自我提升的重要途径。

第三，教师的教学反思还应包括对教育理念、教学目标和教育效果的审慎评估。通过对这些方面的深入反思，教师能够更加清晰地认识到自己的教学信念，使之更加符合当代教育理念和学科发展趋势。例如，教师在反思中可能认识到仅仅注重记叙性教学方法并不足以激发学生的历史兴趣，于是可能会转变为更加注重学生主动参与、思辨性的教学方式，以提高教学的深度和广度。

五、参与课题研究与学术交流

引导教师参与课题研究与学术交流，是一项旨在提高他们学术水平和解决问题能力的战略性举措。课题研究与学术交流是一种深入探讨教育问题、寻找解决方案的系统性过程，通过参与这一过程，教师们既能够深化对专业知识的理解，又能够锻炼批判性思维和创新意识。

第一，课题研究为教师提供了深入学术领域的机会。通过参与具体的研究项目，教师们能够深入研究某一教育问题，系统地梳理相关文献、收集实证数据，并进行深度分析和解读。例如，在教育技术领域，教师可以选择参与一个关于在线教育平台效果评估的课题，通过实地调查、数据分析等方法，深入研究在线教育的实际效果，为教育实践提供科学的依据。

第二，课题研究有助于提高教师解决问题的能力。在研究的过程中，教师需要面对各种挑战和问题，比如如何合理设计研究方案、如何分析和解释数据、如何推动研究成果的应用等，都是需要思考和解决的难题。通过这一过程，教师逐渐培养起了解决问题的能力，并提高了他们在教学实践中应对各种困难的自信心，这种能力的提升在教师的职业生涯中具有持久的价值。

第三，鼓励教师参加各类学术交流活动也是促进专业发展的重要途径。学术交流活动不仅包括学术会议、研讨会，还包括学术沙龙、讲座等形式。通过这些活动，教师可以与同行进行深入的思想碰撞，分享研究成果，从而拓宽自己的学术视野，增长见识。例如，一位语文老师可以参加语言学国际会议，与国内外的语言学专家交流思想，并获得最新的语言学研究动态，从而为自己的教学实践注入新的元素。

第四，学术交流活动也有助于建立教师之间的学术网络。通过与其他学科领域的教师交流，教师可以融汇多学科的思想，促使教学更具有创新性。例如，一位数学老师在学术交流中结识了计算机科学领域的专家，两者共同探讨如何将编程教育融入数学课程，从而为学生提供更丰富的学科体验。

六、开展正确激励与评价

确立科学合理的教师评价机制，对教师的教学成绩和专业发展进行精准的客观评估，是教育管理体系中的一项重要措施。这一机制的建立旨在为教师提供明确的职业发展方向和个人成长的反馈，以促使其在教学岗位上持续提高，同时通过激励机制激发教师的发展动力和创新精神。

第一，科学的教师评价机制应该具备客观、公正、可操作性等特点。评价体系应当基于全面而具体的标准，包括教学效果、教育创新、学科知识储备、学科建设等多个方面，以确保对教师的评价具备多元化和全面性。这需要建立一套科学的评价指标体系，涵盖了教学成果、学科发展、教育创新等多个维度，通过定量和定性相结合的方式，全面客观地反映教师的教育贡献。

第二，教师评价机制需要注重教师的成长进步。除对教学业绩的静态评价外，还应该设立评价机制，并关注教师在职业生涯中的发展轨迹和成长足迹。这可以通过定期的教育发展计划、专业培训记录、教育研究项目等方面的评价，以评估教师在不同阶段的成长和进步，为其提供相应的成长空间和发展机会。

第三，在激励机制方面，对表现优秀的教师进行奖励和表彰是一种有效的手段，这种激励不仅包括物质奖励，如奖金、荣誉证书，还包括在教育体制内的晋升机会、学术研究项目支持等非物质奖励。这样的激励机制有助于建立起一种良性的竞争氛围，进而推动教师更加积极主动地参与到教育教学改革和研究创新中，以提升整体的教育水平。

第四，科学的教师评价和激励机制还应该与教育体制和政策相衔接，形成一个有机的管理体系。例如，通过与教师职称晋升、薪酬制度等相结合，使教师在专业发展和成果取得方面能够得到合理的认可和回报。这有助于建立起教育管理的科学性和透明度，从而为教育事业的可持续发展提供有效的支持。

七、进行个性化引领指导

为新教师和年轻教师提供个性化的指导，采取安排经验丰富的导师对其进行引领和指导的措施，是一种重要的教育管理策略，这种“传帮带”的形式旨在帮助年轻教师在教育实践中快速成长，积累宝贵的经验，并逐步塑造出属于自己的独特教学风格和特色。

第一，个性化的指导能够更好地满足不同新教师和年轻教师的需求。每位教师在专业发展的初期都会面临各种各样的挑战和困扰，而这些问题可能因个体差异而异。通过安排经验丰富的导师进行一对一的指导，可以更精准地了解每位年轻教师的实际情况，并有针对性地提供专业建议和支持，使他们更加有针对性地解决问题、规划发展路径。

第二，导师的引领和指导能够帮助年轻教师更快地适应学校和教育环境。新教师通常面临着从理论到实践的转变，而经验丰富的导师能够通过分享自身经验，引导年轻教师更好地理解学校的文化、教学理念以及专业发展方向。这种针对性的指导有助于年轻教师更快地融入学校团队，建立良好的职业关系。

第三，“传帮带”的形式也有助于年轻教师形成独立而有特色的教学风格。在与导师的深入交流和合作中，年轻教师可以借鉴导师的经验和教学方法，同时通过实践不断调整和完善自己的教学方式。这种导师与年轻教师之间的互动，促使年轻教师更好地理解教育的本质，逐渐培养出独立而富有创意的教学特色。

第四，个性化的指导模式有助于形成学科和年级之间的共享教学资源和经验的机制。导师通过与年轻教师的合作，能够更好地将自身的经验、教材、教学设计等方面的资源分享给年轻教师，促进教学资源的流动和共享，从而提高整个学校教学水平。

八、拓展职业能力与发展

积极鼓励教师拓展职业能力和追求多元发展，其中包括参与教育管理、教育技术、心理咨询等方面的培训和学习，是一项促使教育者全面发展的重要政策。通过这些广泛而多元的培训，教师得以在教育领域获得更为全面的发展，并提升他们的综合素质和适应能力，有助于其更好地应对当今日益复杂和多变的教育环境。

第一，参与教育管理培训有助于教师拓展自己的职业领导力和组织管理能力。教育管理不仅关乎课堂教学，还涉及学校内部的组织、规划以及对团队的引领和协调。通过参与管理培训，教师可以了解到先进的管理理念和方法，学习团队协作和决策制定的技能，使其在学校管理层面能够更好地发挥作用。

第二，教育技术培训可以使教师熟练掌握现代技术手段，更好地整合技术资源于教学实践中。随着科技的迅速发展，教育技术已经成为提升教学效果和创新教学方法的重要手段。通过参与教育技术培训，教师可以学到使用各类教学工具、在线教育平台等的技能，从而为课堂注入更多互动性和创新性。

第三，心理咨询培训则有助于提升教师的心理辅导和沟通能力，更好地关心和理解学生的心理健康。了解心理学知识可以使教师更为敏锐地捕捉学生的情感和发展问题，并提供更为有效的支持和引导。这对于建立积极向上的学习氛围和帮助学生解决心理问题具有重要意义。

通过上述多元化的培训和学习，教师可以更全面地发展自身的职业能力，提升综合素质和适应能力，这种全方位的发展不仅有助于教育者更好地履行教学使命，还能够对学生的综合成长产生积极影响。在当今多元复杂的教育环境中，拓展职业能力和多元发展已经成为提升教师水平和推动教育创新的必由之路。

九、营造良好的发展氛围

为教师构建一种良好的发展氛围，使其感受到学校对于他们的关怀和支持，是培育积极教育环境的重要一环。通过定期组织各类庆祝活动、文艺比赛等，有助于增进教师之间的凝聚力和集体认同感。与此同时，需要特别关注教师的心理健康和生活需求，为其提供必要的帮助和支持，以打造一个积极向上、和谐稳定的工作环境，使教师得以全身投入教育事业中，实现个体自我价值和社会价值的有机统一。

营造良好的发展氛围，主要包括如下方面。①通过定期举办庆祝活动和文艺比赛，学校可以在教师日、教育节日等特殊时刻为教师创造欢乐的氛围。这不仅可以营造轻松友好的工作氛围，还能够通过赛事的形式促进教师之间的沟通和合作，增加彼此之间的交流与了解，进而提高整体团队凝聚力。②学校应该注重关心和支持教师的心理健康。为了确保教育者在高强度的工作环境中能够保持健康的心理状态，学校可以设立心理健康服务体系，并提供专业的心理咨询和支持，使教师能够更好地应对工作和生活中的各种压力，这有助于创造一个关爱员工的工作氛围，让教育者更好地投入教育事业中。③关注教师的生活需求也是非常重要的。学校可以通过提供灵活的工作时间、健康保障、培训补贴等方式，关心教师的全面发展和生活品质，进而增强其对学校的归属感。这样的关怀措施有助于提高教师的工作满意度，从而增强其对学校的忠诚度和积极性。

综上所述，通过综合性的举措，学校可以打造一个积极向上、和谐稳定的工作环境，使教师感受到充分的尊重和支持。在这样的氛围中，教师更容易发挥个体的潜力，投身教育工作中，实现个体价值和社会价值的有机统一，这对于提升学校整体教育水平，培养更具创造力和责任心的教育者具有积极的促进作用。

第四节 教师发展的组织架构

一、学校层面教师发展的组织架构

（一）教研组

教研组作为学校的常设组织，是教师开展教学研究工作，实现专业发展的重要场所。教研组是学校中负责教师发展的基层单位，由同一学科的教师组成，旨在促进教学水平的提升、集体备课、相互学习和经验共享。这一组织的建立有助于构建一种协作共进的学术氛围，进而推动教育者更好地适应教学环境的变化，并不断提升专业水平。

第一，教研组的主要职责之一是进行教学研究。通过定期组织教研活动，教师可以深入研究学科领域的前沿知识、教学方法和教育理念，从而不断更新自己的教育观念和教学理念。这有助于促使教师保持对学科知识的敏感度和前瞻性，使其在教学中更具创新性和引领性。

第二，教研组的成员通常会定期进行集体备课。通过集体备课，教师可以分享各自的备课经验、教学设计和教材选用，从而形成更为丰富和多元的教学资源。这种协同备课的方式有助于避免教学过程中的重复劳动，并提高备课效率，同时能够促进教师之间的互相启发和激励。

第三，教研组提供了一个相互学习和经验共享的平台。在这个组织中，教师可以借助同事的经验和见解，共同探讨教育教学中的难题，从而解决实际问题。这种相互学习的氛围有助于拓宽教师的视野，并提高解决问题的能力，同时促进了教师之间的良性互动。

（二）导师制

在导师制度中，经验丰富的教师充当导师的角色，担负起指导新教师或年轻教师进行教学实践的责任，旨在为其提供更全面的指导和支持。这一制度构建了一种师徒关系，通过导师的引领，新教师能够更加迅速地适应教育工作，同时在教学实践中不断积累经验，以提高教学水平。

导师在导师制度中充当着经验传承者的角色。通过与新教师或年轻教师的交流和互动，导师可以分享自己在教育领域积累的丰富经验，包括教学技巧、学科知识运用等方面的专业经验。这种经验传承有助于新教师更好地理解教学本质，从而更加快速地融入教育团队。同时，导师制度提供了个性化的指导和支持。每位新教师或年轻教师都有独特的成长需求和教学挑战，而导师制度正是基于这一认识而设计的。导师可以根据每位教师的实际情况，提供量身定制的指导方案，帮助其解决实际教学中遇到的问题，从而更有效地促进其专业成长。

总而言之，导师制度在很大程度上促进了师资队伍的凝聚力和团队合作。导师与新教师或年轻教师之间建立的密切联系有助于形成更加融洽的工作关系，进而促使师资队伍更好地协同合作。团队中的信息共享和经验互补能够进一步提升整个教育机构的教学水平和学科建设。

（三）教师发展中心

教师发展中心是学校内一个独立而重要的部门，专门负责协调和实施教师发展计划的各个方面。该中心的职责涵盖课程开发、培训、评估和反馈等多个方面，旨在为教师提供全方位的支持，促进其专业水平的不断提高。教师发展中心主要包括以下工作内容。

第一，教师发展中心的核心任务之一是进行课程开发。通过深入了解教育领域的最新趋势和教学需求，该中心设计和开发各类专业化、前瞻性的教育课程。这些课程旨在涵盖不同层次和领域的知识，并帮助教师更好地应对多样化的教学需求，同时不断提升其学科知识和教育理念。

第二，教师发展中心负责组织和实施各类培训活动。通过定期举办研讨会、讲座、工作坊等形式的培训中心，为教师提供了一个与同行交流、学习经验的平台。这有助于促进教师之间的互动，共同面对教学中的挑战，进一步推动整个学校师资队伍的专业发展。

第三，教师发展中心负责评估和反馈教师的发展情况。为了确保评估的客观性和准确性，教师发展中心一般采用一种系统性的评估机制。通过这种机制，中心能够全面、深入地了解教师在各个阶段的专业发展状况。在评估过程中，中心采用多种方法，包括听课、观摩、面谈、问卷调查等，确保评估结果的全面性和准确性。这些方法不仅关注教师的教学技能和知识水平，还关注教师的职业道德、教育理念、教学策略等多方面素质。通过这种系统性的评估机制，中心能够准确地识别出每位教师的优势和不足之处。对于每位教师来说，这是一份宝贵的反馈，它不仅能够帮助教师更好地认识自己的长处，也能够指出需要改进的地方。基于评估结果，中心还会为每位教师提供有针对性的反馈意见，这些意见既包括对教师现有优势的肯定，也包括对不足之处的具体建议和改进方案。这些反馈不仅能够帮助教师更好地了解自己的成长需求，还能够帮助教师制订出更具有针对性的进一步发展计划。

（四）教师发展委员会

教师发展委员会是学校内一个由校长、副校长、教师代表和学生代表组成的机构，其设立旨在全面推动和监督教师发展的各个方面，该委员会的职责涵盖制订、执行教师发展计划和政策，以及对教师发展效果进行全面评估。

教师发展委员会的设立对于建立良好的教师发展体系，提升教学水平和促进学校整体发展都具有重要的意义，主要表现在如下几个方面。①教师发展委员会通过制订教师发展计划和政策，为教师提供明确的发展方向。该计划可以涵盖多个方面，包括教学技能的提升、学科知识的更新、教育理念的引领等。委员会的成员结合学校的实际情况，制订出符合学校整体发展方向的教师培训计划，使教师能够更有针对性地发展和进步。②教师发展委员会负责执行这些计划，确保其顺利实施。委员会可以通过组织各类培训、讲座、研讨会等方式，为教师提供系统化的发展机会。这有助于激发教师的学习兴趣，并推动他们在专业知识和教学技能方面的全面提升。③教师发展委员会也负责对教师发展效果进行评估。通过定期的评估机制，委员会可以全面了解教师在发展计划中的表现，发现存在的问题和不足，及时调整培训方向，以确保教师发展工作的有效性和可持续性。④教师发展委员会的成员结构多元，包含了学校领导、教师代表和学生代表，这有助于形成一个更加全面、公正、民主的决策机制。通过各方代表的参与，可以更好地考虑到不同群体的需求和意见，从而形成更为科学和合理的教师发展计划。

二、学区层面教师发展的组织架构

（一）学术团体或协会

学术团体或协会是由教师自发组成的组织，其目的在于促进专业发展和交流，这些团体通常由具有相同学科背景或共同兴趣的教育者组成，致力于提升教育水平、深化教学研究、分享教学经验等方面的工作。

学术团体或协会在教育领域中扮演着重要的角色，凝聚了一群积极向上、志同道合的教育者。由于这些组织是由教师自发组织而成，其成员之间通常分享着相似的专业背景和职业兴趣。这种共同性使得学术团体能够成为一个理念交融、资源共享的社群，从而为教育者提供一个良好的互动平台。

在学术团体内部，成员们积极参与各种专业活动，如教学研究、学科知识分享、教育理念讨论等。这种活动的举办不仅促进了成员之间的交流与合作，也为教育者提供了一个探讨和解决教学问题的机会。通过在团体内部共同努力，教育者们能够更好地理解教学实践中的挑战，并共同探讨提高教学质量的有效途径。此外，学术团体还鼓励成员参与学术研究和专业发展。通过组织各类研讨会、讲座和学术论坛，学术团体为教育者提供了一个展示研究成果和学科见解的平台，这不仅有助于教育者不断深化自己的专业知识，也为整个教育领域的发展贡献了丰富的研究资源。

（二）学区教师发展委员会

学区教师发展委员会是一个关键性的组织，其职责涵盖了制定、协调和监督学区内的教师发展政策和活动。作为学区层面的机构，该委员会承担着推动教育者专业成长的责任，通过有效的政策制定和协同管理，促进整个学区教师队伍的全面提升。

第一，学区教师发展委员会的职能之一是制定学区内的教师发展政策。委员会需要深入了解学区的教育需求、发展方向和教师队伍的实际情况，以制定具有前瞻性和实践性的发展政策。这些政策旨在为学区内的各个学校提供指导，确保教师发展活动能够有序展开，同时紧密符合学区整体的教育目标。

第二，学区教师发展委员会协调各学校的教师发展活动。通过建立和维护学区层面的协同机制，委员会可以促进各学校之间的资源共享和经验互通。

这有助于避免教育资源的浪费，并实现学区内教师发展活动的有机衔接，从而形成良性的发展循环。

第三，学区教师发展委员会负责监督教师发展活动的执行情况。通过设立监督机制，该委员会可以定期评估各学校的教师发展计划的执行效果，确保其与学区发展政策的契合度。这种监督机制有助于及时发现问题、提供指导，并在必要时进行调整，以确保教师发展工作朝着整体目标取得良好进展。

三、教育部门中教师发展的组织架构

第一，教育局。教育局作为负责制定和管理教育政策的机构，在其组织结构中往往设立了专门的教师发展部门或团队，这个部门的主要任务是为学校和学区提供有关教师发展的指导和支持。通过制定发展政策、提供培训资源以及监督执行情况，教育局的教师发展团队为整个教育系统的发展和提升提供了重要保障。这种体制架构确保了教师在不断适应教育变革的同时，也能够获得系统性、有针对性的专业支持。

第二，教师培训计划。教师培训计划通常由教育局或政府机构牵头组织和管理，旨在满足教师的专业发展需求。这些计划包括多样化的培训课程和研讨会，覆盖教育领域的不同方面，从而帮助教师适应不断变化的教育环境。通过提供系统性和定期的培训，这些计划旨在不断提高教师的教学水平和专业素养。

第三，评估和反馈系统。评估和反馈系统是教师发展计划有效实施的至关重要环节。为确保教育者的专业成长，教育局通常会建立一套系统性的评估和反馈机制，定期对教师的表现进行全面评估，并提供有针对性的反馈和建议，以支持其进一步地发展和提升。这一机制的建立旨在促使教育者持续优化教学实践，以不断适应教育领域的变革。

第四，教育研究和发展中心。教育研究和发展中心通常是由教育局或政府机构设立的专门机构，致力于进行教育研究和促进教育领域的发展。作为支持教师专业发展的机构，该中心提供专业指导和支持，以帮助教育者不断提升教学水平和适应变革。通过推动教育创新和发展，教育研究和发展中心发挥着对整个教育系统的关键作用。

第五，外部合作伙伴。地方政府和教育部门通常与外部合作伙伴建立合作关系，以共同推动教师的发展。这些合作伙伴可能涵盖高等教育机构、专业组织、企业和非营利组织等多个领域。通过与这些合作伙伴合作，地方政府和教育部门可以获得来自不同领域的资源和支持，包括培训、研究资金和技术支持等，从而促进教师的综合素养和专业发展。

四、其他促进教师发展的组织与资源

第一，专业组织。专业组织为教师提供了丰富的培训、研究和交流机会，旨在不断提升他们的专业水平。这类组织涵盖了各个领域，包括学术团体、教育协会以及行业协会等。通过参与这些组织的活动，教师能够与同行分享经验、获取最新的教育动态，并拓宽专业视野。

第二，在线资源。在技术的飞速发展下，涌现出众多在线资源和学习平台，为教师提供了极为灵活的学习机会。数字时代的到来，不仅改变了教学方式，也深刻地影响了教师专业发展的模式，具体如下。

一是在线课程作为一种便捷的学习方式，为教师提供了系统且灵活的专业知识获取途径。通过参与在线课程，教师能够根据自身兴趣和需求选择合适的学科和领域，不受地域限制，随时随地进行学习。这种方式使得教师不仅能够深入了解最新的教育理念和方法，还能够在短时间内快速获得相关领域的专业知识，并提升自身的教学水平。

二是研讨会作为一种交流和学习的平台，在数字时代得到了全新的呈现形式。在线研讨会通过网络平台举办，不再受制于时间和地点，使得教师能够更加便捷地参与专业话题的讨论和交流。这不仅促进了教师之间的互动，还有助于分享教学经验、解决实际问题，进而推动教育领域的共同发展。这种实时的互动学习方式为教师创造了一个跨越地域的专业社区，促使他们在全球范围内建立起联系，并共同推动教育的创新。

三是博客作为一种富有个性的学习工具，为教师提供了展示和分享自身专业见解的平台。教育博客可以是个人或团队的创作，可以涵盖各种教育主题。通过博客，教师能够以更为轻松和直观的方式，表达对教育领域的看法、经验和独特见解。同时，这也为其他教育者提供了一个窥视同行思维的机会，以促使大家相互学习、共同成长。

四是社交媒体群组作为一个便于交流的平台，加强了教师之间的联系和信息共享。在各类社交媒体平台上，教育者可以加入专业群组，与来自世界各地的教育从业者互动。这种即时的沟通和信息传递方式，使得教师能够更及时地了解到最新的教育动态、教学方法和研究成果。社交媒体的便利性有效地将全球范围内的教育者紧密联系在一起，促使教育领域的知识分享和合作更加顺畅。

第三，校际合作。学校之间建立合作关系成为推动教师发展的一项重要举措。各学校通过共享资源和经验，实现共同进步。这种合作关系可以涵盖多个领域，包括教学研讨、课程开发、教师交流和共同研究等。通过跨学校的协作，教育者能够获得更广泛的视野，共同致力于提升教育质量和推动创新。

第四，研究项目。许多研究项目为教师提供了参与和学习的机会。这些项目可能涉及教学方法、课程开发或其他教育领域的研究主题。通过参与研究项目，教师可以提高自己的研究能力和专业知识

第五节 教师发展的未来趋向

一、教师发展理念终身化

教师教学发展以提高教学质量为核心，旨在增进教师们在教学实践中的各种能力和技巧。随着时代的发展和知识观的更新，教师的专业发展不再仅仅依托于短期的、阶段性的培训和指导，而开始走向终身化。

第一，教师发展的内涵日益向纵深拓展。教师发展的内涵日益向纵深拓展体现在多个方面的全面提升。首先，传统观念中教师主要聚焦于学科知识和教学技能，而现代教师发展强调的不仅是专业素养，更包括广泛的跨学科知识。教育心理学、社会学、哲学等多领域的知识被视为提升教育水平的关键，使教师能够更全面地理解学生的发展特点和社会文化影响。其次，现代教师发展理论强调创新和实践能力的培养。在教育环境不断变化的背景下，教师需要具备灵活应对的能力，以及采用多样化的教学方法。教师不仅要不断更新教育理念，还要积极参与教育实践的创新，从而为学生提供更富启发性和实践性的学习体验，这也意味着教师需要具备自主学习的能力，并不断提升自身的专业素养。最后，个性化教学和差异化教学成为现代教师发展理论的又一重要方面。当前，每个学生都是独特的个体，因此，教育应当根据

学生的特点和需求进行量身定制，这要求教师具备更深层次的教育评估和诊断能力，能够更好地理解学生的学习风格和兴趣，并为他们提供个性化的学习支持。这种关注学生个体差异的教学方式有助于激发学生的学习兴趣和潜能，以此推动他们更好地发展。

第二，教师发展策略长效化。例如，北欧的教师发展经历了以下三个阶段。①最初是为教师提供项目课程和工作坊讨论，由此扩大了教师的交流空间，并促进了教师间彼此教学技能的学习。②为了奖励教师提高其教学技能，开始授予教师相应的培训课程合格证书。由于此类合格证书可以作为职称晋升和评奖条件，这种激励确实起到了促进教师教学发展的作用，是目前世界各国较多学校采用的教师专业发展推动措施。③建立一个教师的学习型社团。通过相互影响和指导，教师之间相互讨论、学习、反思，激发自主参与的积极性和主动性。教师发展策略长效化作为教师发展的理想目标，使世界各国的学校都在试图创建这样一个学习型社团。

二、教师发展目标制度化

任何一种现象和事业的兴起与发展，通常必然经历由无序的自发活动开始，逐步走向秩序化、制度化阶段。教师发展的组织管理过程也呈现出这样的发展轨迹，从起初的教师自发结成专业发展网络，到教师教学发展中心等专业机构的设立，以及专业期刊的发行，直至教师专业发展在官方文件中被“责任化”和“义务化”。

第一，教师专业发展组织机构的实体化。为了更好地实施教师专业发展活动，从20世纪60年代开始，一些学校陆续建立了专门的教师发展中心。组织化的教师专业发展不仅有效地促进了校内教师的专业发展，而且教师发展中心以组织身份与其他学校以及境外学校的交流，更有力地推动了世界范围内的教师教学发展。

第二，多元化的专业期刊拓宽了交流平台。随着世界各国对教师专业发展日益重视，尤其是美国卡耐基教学促进基金会主席博耶出版了《反思教学——教授工作的重点领域》之后，各种讨论和交流教师教学发展的期刊渐次涌现。目前，已有多种教学期刊如《社会科学》引文索引罗德里奇出版社的《教育与教学国际化创新》、泰勒·弗朗西斯出版集团的《高等教育教学》、巴斯出版社的《教与学的新趋势》等。

三、教师发展战略多元化

通过实践的不断摸索和推进，教师发展战略越来越呈现出多元化趋势。发展重心从关注教师个体发展走向重视院系全体教师的整体发展，发展模式从单向的教学指导转向教师之间互动式的相互交流和反思学习，资金支持来源也不再局限于基金会的私人资助，政府的财政资助已成为教师发展中的重要资金来源。

第一，个人发展最终推动组织的整体发展。在教师发展项目的实践过程中，许多不同的发展模式相继衍生出来。例如，将教师专业发展分为日常教学促进的个体层级、课程开发的中间层级和教育组织发展的组织层级，这样有利于推动教师教学和组织共同体的发展。需要注意的是，个体发展是组织发展的必经环节，组织发展是个体发展追求的终极目标，两者的共同发展才是教师发展的根本目标。

第二，单一维度的教学指导走向互动型的反思学习。教师发展战略正在经历从单一维度到多元化的转变，其中一项重要的变革是从传统的单向教学指导向互动型的反思学习的演进，这一趋势体现了对教师发展的更为全面和深刻的理解，并强调了教师在自身成长中需要积极参与和深度反思的重要性。

在传统教育中，教师发展以传授知识和技能为主导，教学指导往往是单向的，注重将学科知识传递给学生。然而，现代教育理念认为，教师不仅仅是知识的传递者，更是学生的引导者和启发者。因此，教师发展战略逐渐转向互动型的反思学习，强调教师需要在教学实践中与学生进行更为深入的互动，并在这一过程中反思自己的教学方式和方法。

互动型的反思学习强调教师与学生之间的相互作用，通过与学生的互动，教师能够更好地理解学生的需求和特点。这种互动不仅包括课堂上的教学互动，还包括与学生的个别交流和合作。教师在与学生的互动中能够更加灵活地调整教学策略，更好地满足学生的学习需求。此外，互动型的反思学习也强调教师个体的深度反思。教师需要在教学实践中不断反思自己的教学理念、教学方法以及教学效果，这种反思不仅有助于教师不断提升自身的教学水平，还能够促使教师更深入地思考教育的本质和目标。

第四章 师资队伍人才的多元化培训

第一节 教师培训的主要意义

教师培训的主要意义在于提升教师的教育教学能力和专业素养，并帮助他们更好地适应教育改革和发展的需要，以提高教育质量和效益。

一、适应教育改革与发展的需要

在社会的不断发展和科技的进步下，教育一直处于改革和发展的前沿。在这个过程中，教师作为教育的中坚力量，承担着培养未来人才的责任。为了更好地适应教育的变革和发展，教师需要时刻更新自己的教育观念、教学理念、教学方法和知识结构。教育系统的变革常常涉及新的教育理念和方法的引入，以及先进的教育技术和手段的应用。为了使教育更贴近时代潮流，教师培训成为至关重要的一环。通过参与教师培训，教师可以了解最新的教育理念、教学方法和前沿技术，这有助于他们更好地理解和适应不断演变的教育环境。

教师培训不仅是传授新知识，更是为教师提供反思和更新自身教育观念的机会。通过与同行的互动和专业培训的交流，教师可以激发创新思维，拓宽教育思路，从而更好地满足学生的需求。此外，教师培训还有助于提高教育教学能力和专业素养。随着教育领域的不断发展，教师需要具备更广泛的知识和更灵活的教学策略。通过参与培训，教师可以不断提升自身的专业水平，并保持与时俱进。

二、增强教师职业认同感与归属感

教师职业是一项充满责任感和使命感的工作，因为教师肩负着培养学生成才的伟大任务。然而，这个职业也面临着一系列挑战，如工作压力大和待遇相对较低等，这些因素可能导致一些教师在职业认同感和归属感方面感到不足。在这种情况下，教师培训成为提升教师职业认同感和归属感的有效途径。通过培训，教师有机会深入了解教育的重要性以及他们在学生成长过程中所扮演的关键角色。培训不仅仅是技能和知识的传递，更是一种对教育事业的使命和责任的再确认。这有助于激发教师对自身职业的认同感和自豪感，让他们更加坚定地投入教育事业中。此外，培训也为教师提供了了解教育行业规范和标准的机会。通过了解行业的期望和要求，教师能够更清晰地认识到自己在教育中的使命和责任，并形成对教育事业的更深刻的理解。这种理解有助于教师更好地履行职责，提升专业水平，从而增强职业认同感和归属感。

三、推动学校和教师队伍的建设与发展

教师培训在促进学校和教师队伍的建设与发展方面具有显著作用。首先，通过培训，学校能够培养出一批高素质、有能力的教师队伍，这有助于提高学校整体的办学水平和教育质量。经过系统的培训，教师们能够不断提升自身的专业水平，更好地适应教育领域的发展趋势，并为学校的教育事业贡献更多力量。其次，培训也为学校引入先进的教育理念和方法提供了机会。通过参与培训课程，教师可以接触到最新的教育理念和有效的教学方法，从而将这些先进的理念和方法引入学校的教学实践中，这有助于推动学校的教育改革和发展，使其更加符合当代教育的需求和标准。最后，教师培训还促进了教师之间的交流和合作。培训活动为教师提供了一个分享经验、学习成果的平台，促使教师们在专业知识和教学方法上相互借鉴。这种交流与合作不仅增强了教师队伍的向心力，也为整个教育团队的建设提供了更多的动力和资源。

四、为学生成长和发展提供更好的保障

教师是学生成长和发展过程中的重要引导者和陪伴者。教师的教育教学能力和专业素养直接关系到学生的成长和发展。通过教师培训，教师可以更

好地了解学生的身心发展规律和学习特点，掌握科学的教育教学方法和技巧，从而提高自己的教学水平和能力。这些能力的提升可以帮助教师更好地指导和引领学生的成长和发展，为学生的成长和发展提供更好的保障。

第二节 教师培训的教学要求

一、以学生为中心的教学

以学生为中心的教学理论是探究教师培训教育学的重要基础之一，它不仅从人员角色定位上突出学生的主体地位，而且更要在教与学的过程中体现满足全体个体需要、促进个体更大发展的有效教学的要求。不同的教学情境，需要采用不同的教学策略和方法。在以学生为中心的教学中，不仅需要理论的指导原则，更需要一些可操作的实践要求。在以学生为中心的教学实践中，需要考虑五个方面的变化，具体如下。

（一）教学进行权力平衡

教学活动中主要有教学者与学生，即教师与学生。教学是一个互动的对话过程，要实现互动的对话，关键就是要使教学者与学生之间的关系保持恰当的平衡。在不平等的师生关系下，教学的互动可能是单向的，或者是强迫性。教学之中有教师与学生、男性与女性之分，所以他们在教学中的地位常常是不一样的。因此，实现互动的教学对话，也就是意味着对传统的师生关系进行调节，换言之，就是对教学活动中的“权力”进行再分配。

权力的平衡就是要实现教学中教师权力与学生权力之间的平衡、男性与女性之间的平衡，从而使教学中权力的运转处于一种平衡状态。权力的平衡意味着权力的分享，需要体现在教学活动与任务的决策、学习科目政策的决策、科目内容的决策以及评价活动等诸方面。不过，这种权力的分享以及平衡在实践上是有难度的，因为权力的平衡并不是意味着权力的平等。一般而言，就是为学生授予更多的“对话”权力，权力的授予可以激发学生的学习动机。

“权力的”内涵也是多方面的，其中重要的是参与和责任。考虑“权力”

的分配与“权力”的平衡，必须考虑教学活动的具体背景、要求、内容以及对象等。在教师培训中，同样需要根据不同的培训内容、培训对象以及培训形式而设计和达成有效的“权力”分配与有效的“权力”平衡。

（二）学生承担学习责任

以学生为中心的教学强调，要使学习者接受承担学习的责任，学生是有生命力的个体。在倡导以学生为中心的教学中，赋予这些学生权力，意味着他们有自主性，也意味着有责任。当然，鉴于学生“不成熟”的特点，他们所拥有的权力并不是无限的，而是具体的，这样才能实现上面所提到的权力平衡。

学生需要承担学习的责任，并不是意味着教师没有责任。在讨论教师角色的时候实际上已经涉及了教师对学生学习的责任问题。讨论学习的责任问题，要考虑如何营造有助于学习的课堂气氛，其中包括了学生自主和责任。在这种课堂气氛中，首要的原则就是要明确教学过程中谁负责哪些事情，即教师与学生在教学过程中的责任问题。其实，课堂气氛是教学逻辑性发展的结果，而不是硬性规定的纪律。

如果从教师培训的角度看，教师是需要发展的对象，但教师本身首先应该是其发展的重要责任者。如果忽视教师的存在，以及没有他们的主动参与和责任承担，这样的培训不会产生任何积极的影响，因为它不会实现教师的发展和实际教学行为的变化，因此，我们应该重视教师的角色，鼓励他们的参与和责任承担，以确保培训的有效性和实用性。

（三）明确教学者的角色

在以学生为中心的教学中，教学者指导和促进学生的学习。从教育史的角度看，这并不是一个新的角色。但无论用“园丁”“向导”或者“教练”等隐语来表达教师的角色作用，它们所表达的角色都有某种程度上的局限性，通常很难阐明以学生为中心教学中教师的角色。

在以学生为中心的教学中，教师教学工作的重点与以往以教师为中心的教学是不一样的。在以学生为中心的教学中，学习任务方面只需要教师做更少的事情，包括学习内容的组织、提供事例、提问、回答以及总结等，要求教师讲得更少，而让学生做更多的探索。教师工作的重点转向了：做更多的教学设计工作，包括学习活动和作业的设计；教师为学生展示更多的示范，即教师本身为学生展示出一个成功学习者的形象；教师在使学生之间形成相互学习方面做更多的工作；教师努力营造学习的良好氛围；教师做更多的有关反馈的工作，如收集学生的反馈和及时对这些反馈作出反应。

显然，以学生为中心的教学并没有排斥教师的作用，而是在这种教学过程中，教师的角色发生了变化，教师需要根据教学过程变化的需要而及时调整自己的角色。因此，教师在实际过程中遇到的主要挑战就是，教师需要决定在教学过程中如何干预、何时干预以及干预哪些事情等。

需要注意的是，此处的教学者角色与教师培训中教师的主体地位的问题并不矛盾，只是从不同的角度予以进一步的分析和补充。正确处理教师培训中培训者和参加者之间的关系，是培训活动取得实效的关键性因素。

（四）认识学习内容的功能

以学生为中心的教学并不意味着学习内容完全是自由的，而是要对内容的作用进行新的思考。需要理解内容与学习之间的关系，认识到内容与学习之间联系的价值，并由此确立培训的策略和态度。

从学生发展的角度看，学习内容显然不只是局限在知识领域，它还包含着需要发展学生的技能和自我意识，如发展性思维等。例如，在教学中，需要培养学生的阅读、总结、相互学习等技能，以及发展学生如何学习、如何从测验结果中学习与如何更好参与小组工作等意识和能力。学习内容的范畴及其数量、技能的不同水平以及如何使学习内容符合学生需要等要求，都是以学习者为中心的教学所面临的课题。

在任何规范的教学中，都应该有明确的内容或是主题。内容的选择是多方面因素综合考虑的结果，但其中学生对学习内容的选择尤其是学习主题选择的决策参与，具有十分重要的意义。当然，这也并不意味着他们在其中的决定作用，而是仍要考虑上面说的“权力”平衡问题。

对于教师培训而言，培训内容的选择确实是影响培训实施的关键性因素。如何在自上而下和自下而上之间确立培训的合适内容，使这些内容成为促进教师专业发展的重要载体，应该是教师培训教育学研究的重要内容。

（五）评价目的与过程

评价是必要的，评价能够促进学习。对学生开放的评价活动将使他们有机会形成自我评价和同伴评价的技能。成功的评价，需要关注学习过程，降低评价实践的压力和焦虑，需要更多的形成性评价。教育评价已经成为教育改进的重要手段。

教师培训之中同样需要考虑评价的介入，培训评价是教师培训教育学研究中不可或缺的重要内容。教师培训是一项有计划、有目标和有组织的活动，通过培训者与参加者等多方面人员的共同努力而对培训的教与学及其效果进行科学而合理的评价，这是教学完整过程的必要环节。

二、建立自主发展的教学

教师培训的教与学过程，与其他以学生为中心的教学过程相同，也是一个发展的过程。在这个过程中，学生从原先的依赖发展到最终的自我指导发展，这个过程通常具有四个阶段。①学生是依赖的，需要有权威人物给他们指出清晰的指导，即做与如何做以及何时做。这时，可以要求这些学生学习具体的技能，而确立的学习标准要适当超出学生认为自己所能做的范畴。②学生有兴趣的和适度的自我指导。在这一阶段中，仍需要教师将激情和动机带入课堂；学生准备为自己建立目标，并能够建立起学习的信心和技能。学生开始将教师的激情和信心内化成他们自己的，并在本阶段结束的时候发现他们自己的动机。③学生介入教学过程，并有中等水平的自我指导。此时，他们开始将自己看成是自己教育的参与者，他们有义务了解他们是如何学习的，在自己的学习中应用通用的学习策略，并找出哪些是适合他们的。学生更乐于相互学习和共同学习，形成教师作为促进者和共同参与者的观念。④学生达到自我指导的水平，确立自己的学习目标和标准，在自主的气氛下成长。教师不再教学科知识，而是培养学生学习的能力。教师是咨询者，评论学生制定的标准等内容。当然，在这一阶段，教师要为学生设立一些挑战，主要让学生独立解决，在他们要求帮助的时候提供干预。但不是帮助应对挑战，而是帮助提高应对挑战的能力。

毫无疑问，教师作为教师培训中的学生，更有可能和更需要成为独立的自我指导的学生，这种从依赖到独立的学生角色及其能力的变化，正是教师培训中所追求的教师专业发展的自我更新能力的形成过程。所以，教师培训的教学目标，是促进教师的自主发展。要使教师培训的教学成为建立教师自主发展的教学，需要对教师培训的内容、形式和过程等诸方面予以重新认识，具体如下。

第一，教师培训的教学是体现教师主体角色的重要领域。要实现教师培训中参与教师的主体角色，重要的实践表现将是在于培训的教学，它要求教师主动参与培训中教学的各个方面。这种主动参与，包括两个方面：一是培训要求教师积极参与，二是参加培训的教师自身主动参与，这两者是相辅相成的。参与的领域包括培训主题及其内容的选择、培训活动策略的制定以及培训活动评价的实施。这种主动参与体现了教与学职责的共同分担和培训任务的共同执行。只有这种主动参与，才能实现教学活动中教学对话的生成，也才能实现教学中的“权力”平衡。

第二，教师培训的教学过程本身也是教师专业发展的内容。当教师培训中的教学成为教师自主专业发展的过程与内容时，教师培训教学内容的源泉将是来自教师实践的问题，教师培训的教学策略将更多地走向研究与反思，最终将使教师培训的教学真正成为引导教师教学行为发生变化的示范。培训的教学过程将成为建立教师学习者团体和形成新的教师文化的重要方式，这与教师培训所追求的终极目标即建立教师的学习文化是一致的。

第三，要以教师发展的观点系统而综合设计教师培训的教学内容。从教师专业发展的角度看，教师培训的内容需要整体的且有机的设计。从严格意义上而言，这种教师培训的教学内容设计必须是基于教师发展包括教师职前培训、入职培训和在职培训等诸方面而系统规划。教师发展的观点，对“合格”教师的理解予以新的认识，即“合格”的标准或者说条件将处于动态的发展过程之中。在职教师培训的制度实施，对教师的职前培养提出了新的要求，即教师职前培养必须考虑如何最大可能地为教师终身的发展提供应有的贡献，并为教师在职的培训奠定基础。反之，教师在职培训的内容设计也需要考虑教师原有的教育背景。同样，任何在职的培训也不可能是教师培训的终结，需要关注教师未来发展包括以后培训的功能地位。当然，教师培训的内容设计还必须置于教育发展需要与教育实践基础的背景之中。需要注意的是，对于教师培训教学内容的系统和综合探讨，在一定程度上是整个教师教育需要考虑的问题。

第四，教师培训的教学形式更多依赖于教师的反思与研究。从教师自主发展的角度看，教师的反思与教师的研究，有助于教师思考和提炼教育教学的经验、探究和创新教育教学的实践，因而它们是更新教师职业生活方式及其质量的重要手段。作为教师培训的教学而言，同样应该有助于改进教师职业生活的质量，因此，同样应该考虑将教师的反思和研究纳入培训教学形式的行列。当然，也可以认为，反思和研究本身也应该是教师培训的教学内容与策略。

第五，使评价成为教师培训教学的重要环节之一。教育评价的作用已经得到越来越多的认可，评价同样是教师培训中教学活动的重要环节。需要强调的是，教师培训的效果评价，需要关注不同的层面，这些不同层面可以划分为三个方面：一是即时的效果，指参加培训的教师在培训过程中所产生的知识、态度、技能等方面的现场性变化；二是持续的效果，指教师回到在工作实践中所表现的符合培训期望的行为变化，尤其是教学改进方面的变化；三是扩散的效果，主要指参加培训的教师对学校和（或）其他同事所产生的影响。上述三个层面的效果或者变化，都有可能是两方面的，即积极的或者消极的，在评价过程中都必须予以重视。

三、合理选择教学的策略

关于教师培训中的教学策略可从多个角度予以论述。反思、研究和参与是在当前教师培训教学实践中必须予以关注和重视的重要策略。

（一）反思策略

反思是教育的常见词语，在教师培训的教学框架中，有必要对反思予以特别的关注。在教师培训中，反思既可以作为教师培训的教学内容，也可以作为教师培训的教学方法。反思可以成为体现教师主动参与、联系教师需要、培养教师学习与研究精神和能力形成的重要载体。反思有前后两种情境：“第一种是反省前情境，提出需要解决和回答的问题；第二种是反省后情境，指控制直接经验”[①]。

作为教师的反思，它有以下三种水平。①技术性反思，旨在实现预先设定的结果的无问题的技术熟练，只是为了考虑教育知识的使用，而不考虑任何外在因素。②情景性或者背景性反思，旨在观察蕴藏在后面的理论的和制度的假设，如教育学和课程，观察教学行动、目标和结构的效果。可以认为这是对理论和实践的反思，也是学会成为反思型教师的起点。③批判性反思，涉及教育学和学校结构的道德和伦理的分析，核心问题是对教育的目标、实

① 贾淑云．教师培训的反思与展望研究 [M]．北京：光明日报出版社，2016：73.

践和活动是否产生公正、平等，以及是否满足人的需要和人的目的等方面的疑问。总而言之，在倡导成为反思型教师的今天，将反思纳入教师培训的教学策略范畴是十分必要的。在以后的教师培训中推进反思的教学策略，需要注意以下几个方面。

第一，正确理解反思的含义，这要求培训者和参加者之间对“反思”形成共识。反思不是批评，而是一种思维方式。因此，反思主要旨在找出问题存在的原因与解决问题的途径，它面向未来的发展。只有明确反思的真实意图，才有可能在培训实践中产生真正的反思。但反思不完全等于“找差”，反思也意味着教师进行教育教学经验的总结和提炼。

第二，创设安全的、平等的反思氛围。鉴于人的心理的和精神的因素，只有当人感到安全的情况下，他才可能以轻松和开放的心态来展示自己真实的内心思想，反思所需要的就是教师真实的思想观点。因而，在培训的反思过程中，不能有权威的存在，只能有合作的伙伴。

第三，反思要注重独立与合作的结合。反思不仅是教师培训的教学策略，其实也已经成为教师发展的途径策略。在教师培训中，反思可以是教师个体独自的“照镜子”形式，这样的反思针对性强；而教师小组或者集体的研讨进行反思，可以在交流与沟通的基础上，对问题的观察与分析更加全面和更加深入。

第四，必须注重反思的后续效应。反思的结果可能是书面的理论性结果，但就教师培训中的教师反思而言，反思的目标则是更加应该关注反思活动对教师发展的影响，尤其是教师教育教学行为的变化。因此，在开展反思的过程中，要注重要求形成反思后的行动目标和行动策略。

第五，教师培训本身要实现反思教学。教师培训必须为教育产生示范效应，这就意味着教师培训本身必须以反思的姿态，采用反思性教学的方法，不断改进自身的培训活动，使反思成为整个教师培训活动的特征之一。这对教师培训的组织者和实施者提出了培训教育学方面的要求。

（二）研究策略

从发展研究的角度看，教师教育与教学法是两个相互关联的领域。教师教育中的“行动研究”是一个普遍被接受的概念，且教师教育则是一种实践性的探究，即教师研究和反思他们自身的教和学生的学，主要的目的往往是改进教师的专业学习和使具体的教育情形产生变化。在教学法的领域中，往往将行动研究看成发展与研究的互动的周期性过程，最终产生理论上和实践上的结果，即发展者的学习过程和教学理论。

因此，在教师即研究者的理念召唤下，教师参与研究作为开展教师培训的行动策略也就顺理成章。尤其是行动研究的框架下，教师参与研究，已经成为教师发展的重要途径。教师只有参与研究和开展实践有效的研究，才能成为人们所期待的研究型教师，并成为教育创新的主力。

1. 正确理解研究

在教师职业专业化的进程之中，教师与研究之间的关系经历了一个变化的过程，即“关于教师的研究”—“在教师的配合下进行研究”—“和教师一起进行研究”—“由教师和其他教师、学生及其相关人员一起进行研究”的演变过程。这种关系的变化，实际反映了人们对教育研究主体人员的认识过程、人们对教师角色的认识过程。在传统的教育框架下，研究是专业研究人员的领域；教师是履行教学任务的执行者。教育领域的复杂性，使传统的演绎或者推理的教育研究都难以解决教育实践中的诸多问题。

教育领域中行动研究的产生，拓展了教育研究的空间。行动研究强调的是一种研究的取向，一种研究的专业实践形式、研究过程，以及对于教师而言是一种反思性的教学方式。因此，研究显然成为教师工作的重要组成部分。教师培训作为教师发展的促进形式，有必要将研究作为实施培训的重要策略，从而真正实现教师研究的意义和价值。

强调教师的研究，并不意味着教师的研究与其他专业研究人员所从事研究之间的区分。从研究的本质来看，无论怎样形式的研究，无论谁是研究的主体，都必须坚持研究本身所遵循的规范和要求。教师研究与任何科学研究一样，都必须遵循科学研究的规范，只有这样，教师研究才能发挥其真正的价值。

目前在倡导教师研究的实践中，存在着一些误区，例如，认为教师参与研究并不在于研究的结果，而在于研究的过程；认为教师的研究是为了解决自己的问题，只是为了自身工作的改进。事实上，如果忽视研究的结果，并忽视研究结果的可传播性，那么这些就不是真正的研究。因此，从真正促进教师参与研究的角度出发，教师培训有必要为教师们提供关于研究与开展研究的支持，将研究整合于整个教师培训的过程之中，使研究成为教师培训的有机组成。尽管目前在教师培训中普遍采用了“课题研究”的教学形式，但在培训实践中，这种教学形式并不能取得很好的收效。究其原因，就是教师培训者和“课题研究者”都缺乏对“研究”的正确理解。当前实践中的教师“研究”缺少实施的规范，而且没有得到培训的持续支持和帮助。研究作为一种高层次的认知活动，与反思相连接，需要研究者有比较强的认知能力；同时，研究需要一个持续的过程，需要研究者有耐心和毅力。当前教师培训中，“任务完成式”的行为，使研究失去了其应有的意义，所以，要使研究成为教师培训的重要策略，必须注重对研究含义的真实理解。

2. 明确研究要求

理解研究和实施有效的研究，是教师培训者和教师共同面临的课题。教师研究作为教师培训的教学策略，需要考虑以下几个方面。

（1）培养教师的科学态度与科学精神。教师从事研究应该是自愿的和内发的，并且研究的方法是正确的，研究的过程是严密的，研究的结果是合理的。教师参与教育研究，不仅在于促进教育教学改革和提高教育质量，而且要在研究的过程中，使教师建立参与研究的正确态度，形成严谨而踏实的科学精神，以科学的方法来从事研究，这种态度与精神不仅是教师开展科学研究的需要，更是教师职业工作的需要。

（2）重视教师对自身的研究。教育实践是教育研究的基础，教育变革是教育研究的目标，因此，植根于教育实践的教育研究，才能成为推进教育变革的动力。而教育变革的真正秘密蕴藏在日常教育实践之中，并且教师们的日常教学实践也在不断赋予教育变革以真实的意义。因此，教师是教育研究的重要对象，对教师实践活动的研究，有助于揭示教育活动的本质。而教师作为研究者本身，在研究自身教育活动方面具有自身的优势，尤其在开展教育的行动研究或者采用叙事式研究中，教师研究教师的优势将更加显现。教师对自身个体成长的研究，其研究方法可以采用生活史、隐语分析、学生投射研究、教师访谈和教科书分析、行动研究、同伴观察和对话以及个人教学文本等多种方法等。这可以根据需要和可能而确定。

（3）注重质的研究方法。教育研究的方法有多种，通常有定性研究和定量研究之区分，定量研究又常称为质的研究。提倡教师培训引导教师开展质的研究，但这并不是意味着教师不要开展量的研究，其含义只在于，采用最新的研究方法来开展教育研究，更加适合教师开展教育研究的特点。教育研究之中，必须关注教育活动的背景与情景，并需要注意教育事件本身的自然属性。教师作为日常教育实践活动的主体，对这种实践活动的背景和情景具有天然的优势，同时，教育实践活动研究中也不能忽视教育之中的经验因素。因此，教师研究更加适合采用质的研究方法。

3. 教师研究取向

教师从事教育研究已经成为一种日益普遍的教育实践。然而现在还很难评价这种研究的意义和价值，这里尝试从研究发展的角度，探讨有利于促进教师研究发展的一些建议，即教师研究的取向。

（1）寻求批判性研究。教师的研究应该倡导批判性研究，这种批判性研究通常需要符合五个条件：①排斥理性的实证主义观，并不是所有的教育问题都是技术的，而不是其他原因；②由执行教育活动的人首先来解释教育实践；③区分出思想上被扭曲的解释和超越思想上被扭曲的解释；④揭示出障碍理性目标实现的主要社会性因素；⑤在如何与实践相关的意识指导下开展研究。显然，这种批判性研究有助于教师转变自身固有的不正确观念，有助于将理论与实践连接起来，所以，这种研究也是新知识产生的过程，批判性研究的结果将是导致教师的教学变革。很显然，这里提出的批判性研究与前面所提出的教师的行动研究是完全一致的。

（2）开展合作性研究。尽管教师开展教育研究有其优势，但也必然有其局限。在这种背景下，倡导教师的合作研究，则是一种必然的选择。教师参与的合作性教育研究，可以是学校内教师的共同研究或者教师与家长或者学生的共同研究，也可以是跨校的教师间的合作研究。但更需要的是教师与专业研究人员之间的合作研究，教师专业发展学校的模式之中就包含了教师参与的合作研究。

（3）选择案例研究。案例教学是教师培训的方式之一，案例的产生需要来自教育教学的实践。只有这样，教师培训中才能为教师提供关于真实教育场景及其问题的思考与分析，并真正促进教师在培训中的学习，从而使教师在教育理论与教育实践之间建立桥梁。教师开展案例研究，是教师运用质的研究方法、对教育实践过程或者教育事件进行观察、思考与实践的过程，这种过程也是教师形成实践性知识的过程。因此，开展案例研究将是教师参与研究的重要领域。

（三）参与策略

1. 参与的意义

教师培训中强调教师的主体角色，强调培训中平等、合作与分享的教学关系。要实现这些要求，则必须采用参与的策略，使培训中的教师融合到培训的环境、活动和过程之中。因此，参与是任何培训中必需的行为。

（1）参与是教与学的分担。教师作为“教学者”和“资源者”的角色，如果要在培训活动中得到体现，必须依赖他们自身的投入和参与，这种投入和参与即意味着在培训集体氛围下，传播和分享以往的教育经验、介绍与讨论面临的教育问题。当然，从基于教师经验的培训学习而言，必须对参加者的背景情况有比较清晰的把握，这种把握显然需要依赖参加者的主动参与；对学习过程的把握，同样需要参加者主动而及时地提供反馈信息。所以，严格地说，参与在本质上是指教师对培训中“教”的贡献和“学”的承担。

（2）参与是双向的。培训组织者注重教师的培训参与，可以培养和激发这些参加者的内在学习动机，可以体现培训对这些参加者原有实践经验的尊重和利用。由此，在培训活动中，培训者必须自己把握角色，即由传统模式中的“灌输”或者“控制”转向“设计”与“协调”，从“自我中心”转向了“学习者中心”。培训者必须注重对培训对象的研究与分析，并考虑如何根据培训对象的特点而计划更为合适的培训计划和培训活动。而对于参加培训的教师而言，在培训活动中同样必须有参与的意识和行为，努力实现自身从个体学习、接受学习转向主动学习、发现学习和合作学习。因此，参与是教师培训中教与学方式根本性转变的表现之一，这种教与学方式的转变，将对教师们在教育教学实践中实施以学生为中心的教学法产生示范性的作用。

2. 参与的要求

实施参与策略，对于培训者和参加者而言，都不是一件简单的事件。因此，在实施教师培训的过程中，必须关注以下几点要求。

（1）参与必须有针对性和目的性。尽管参与是双向的，但从一般的教师培训活动来看，培训对象的有效参与是比较困难的。从目前强调参与的教师培训实践来看，参与往往是形式上或是具体活动中的参与，而参与没有体现教师培训本身所要求的教育学含义。因为每个培训活动的设计都是按照“目标—依据—活动过程”而安排的，因此，活动的教育目标十分清晰，培训的指导教师和参加者各自如何参与的任务与要求也十分清晰。因此，参与不应该是盲目的，而应该是精心设计的。

（2）参与应该是全体的。教师培训必须面向所有参与培训的教师，为所有教师的发展提供支持，而在教师培训的实践中，培训者往往并不能使所有的教师积极而主动地参与到培训学习过程之中，这与教育实践中教师不能做到面向全体学生一样。鉴于成人心理方面的因素，教师往往并不愿意主动表现自己，因此，在教师培训中，需要动员所有的教师主动地参与，不能在培训中出现少数人主导的现象，也不能产生培训参与的“专业户”。为此，培训设计与培训实施上需要有相应的对策。

（3）参与应该是全过程的。教师的培训参与，不能只是停留在既定培训活动的参与上，必须贯穿于教师培训的全过程，即全面的参与，包括共同采用培训需求的评估、培训计划的制订、培训内容的开发、培训过程的参与和培训效果的评价等诸多方面。仅就培训的评价而言，既然教育是以对话为基础的，那么评价必须成为以对话为基础，不可导致武断的片面描述，因此，评价中需要双向的信息交流、相互的学习、相互的尊重与信任，使评价成为一个过程。显然，对教师培训的评价，同样需要教师的参与，为培训评价提供真实而全面的信息。参与有时还需要延伸到培训活动之后，这样才能使培训产生持续的效应。一些教师在培训中不能及时按照要求提交培训的作业，其实质就是参与不够的表现。

（4）参与的方式应该是多样化的。与其他培训一样，教师培训中的参与方式也可以是多样的，如头脑风暴、小组讨论、角色扮演、作业、动手操作以及实践活动。如何根据培训对象的特点、培训目标的要求和培训过程的实施而采用合适的参与形式，是教师培训者必须研究的课题。任何参与方式的选择都必须考虑到是否符合上面对参与本身的含义界定及其要求。从本质上讲，参与的方式必须有助于促进教与学之间的对话、激发学生的学习动机和增加他们的知识生成，也包括反思。

第三节 多元模式的教师培训

一、案例培训模式

案例是指人们对实际情境的描述，在这个情境中包含着一个或多个引人入胜的问题，同时含有解决这些问题的方法。教学案例描述的是教学实践活动，它以丰富的叙述形式，向人们展示了一些包含教师和学生的典型行为、思想、感情在内的故事。

教师继续教育培训是一项理论性和实践性都极强的工作，受训者又都是具有一定实践经验的教师，加之教师的专业实践不可能是对确定的现成教育原理的机械应用，而是需要教师亲身经历的一个自觉地反思、感悟、内省、分析、评价、改进、提升的过程。因此，在教师继续教育培训中常常采用案例培训模式进行教学。所谓案例培训模式，即指有意识、有计划地为受训者创设出一个个真实的教学场景，并展示出典型的导致教师学习、思维或教学决策“两难”的某个或某些实际情境以及显现出教育教学工作复杂性的一个个生动、客观的事例，以帮助受训者揭示传统教学观与现代教学观的冲突，阐释一个个教育教学事例中显性的和隐性基本原理以及学习解决问题的技巧，体验教学中师生情感、动机和价值观的内心变化，从而进一步促进受训者深入学习探究教育理论，总结提炼实践经验，学会评价与反思，从而提高在教育教学过程中的应变能力。

（一）案例培训模式的要素

教师培训模式作为一种以教师群体为对象的培训模式，一般认为必须具备的基本要素是理论基础、培训目标、操作程序、实现条件及范围（手段、方式、策略、环境等）、评价和师生角色，也即培训主体、培训理念、培训对象、培训目标、培训内容、培训手段与培训管理等。在案例培训模式中，起主导作用的要素是培训的手段、方式和培训的内容等，其余要素也不同程度地对案例培训模式的形成发挥着各自的作用。

1. 培训理念

案例培训模式原本是一些企业在培训职工时所使用的培训模式，其先进的培训理念、培训取得的效果以及各种成功的培训事例，给了教师继续教育培训工作以深深的启发。教师继续教育借用这一培训理念，在近年的各种教师继续教育培训中得到广泛的实践应用。一般而言，无论是新教师的岗前培训，还是骨干教师培训或高级教师、特级教师等的研修培训乃至各类教师的学历提高培训，案例培训模式都是非常适用的，在网络环境下运用得当，其优势特点会更为突出。

2. 培训主体

案例培训中的培训主体即指案例的操作者、点评者，包括既定的操作者、点评者和即时的操作者和点评者。案例的操作者必须真实、客观地展示或再现案例的发生发展过程（或全过程或阶段、环节过程），确保案例的典型性、针对性和研究价值；案例的点评人也要全面客观地对案例作出评价，指出其可参照意义，并提出建设性意见等。

3. 培训目标

案例培训模式以培训教学实践中的具体问题或典型事例为研究对象，以分析解决案例中反映出的问题，总结探索其经验或规律，以训练实践操作能力为目标，通过培训使受训者能将获得的知识经验、技能技巧等认知能力、创新能力、实践操作能力运用于实际工作中，以达到解决矛盾、处理问题的目的。同时在实践中又能有效地不断训练和提高受训者认识问题、分析问题、解决问题的能力。

4. 培训内容

培训内容即指案例培训模式中的案例本身。用于案例培训模式教学的鲜活的、实际的个案，典型事例都是该模式的培训内容。培训者通过案例引导受训者对其进行对比学习、研究，生发感悟、联想，积极借鉴参考，从而更新教育观念，改进教育教学方法，并提升教育教学的实践及创新能力。

5. 培训策略

案例培训模式主要采取收集、选择真实的事例情景、直观现场、典型人物等做法，按照培训目标要求，剖析、挖掘其人其物其事的来龙去脉，弄清原委，以实现让受训者学会参考借鉴案例，分析处理问题，并解决矛盾的知识和技能的目的。培训的方式有现场诊断、直接观摩、虚拟操作、仿真实验、对比分析等。采取的策略主要有选取或创设出真实或类真实（仿真）的具体问题事例，这些问题事例往往认识和解决起来“左右为难”，这就使受训者在学习其思维和思考决策中不得不加倍努力，以提高分析诊断问题，解决处理问题的能力。

（二）案例培训模式的程序

1. 案例选择的形成过程

（1）案例的前期准备工作。案例的前期准备工作主要是指准备利用案例培训教学的研究者、培训者及相关人员要尽可能地具备教育教学的教育科学理论知识和教育教学实践经验，熟悉情况，能洞察教育教学师资队伍建设中普遍存在的问题，进行深入的调查研究，收集较为详尽的第一手材料，从而保证培训过程有的放矢和具有针对性。

（2）案例主题的确定。每一个案例所涉及的问题往往是广泛而复杂的，如果不分主次，平均使用力量，一概加以研究解决，则常会研究不透，解决不力，从而达不到目的。正确的做法是确定主题时，注意学科的典型问题，努力体现时代感，抓住与教育教学改革的核心理念和人们普遍关注的热点问题以及工作中常见的疑难问题、困惑问题等相关的事件，突出其鲜明的主题，并加以渲染、提炼。

（3）情境描述。所谓情境描述，是指这样一种情况：案例源于教育教学实践，但不是简单、纯粹的实践情境的复制（实录）。案例的可取性在于它应以引人入胜的方式展开，有相对完整的故事情节和一些戏剧性的冲突，能反映事件发生的时空特征，揭示教育教学工作的复杂性和人员对象的情感、动机、价值观等方面的冲突。因此，为了突出案例的主题，增强其典型意义，提示研讨的重点和焦点，可以对“原形”作适当修改、调整、充实、完善，但不能杜撰和捏造，以及想当然地弄出个案例来。这就要求，案例必须来源于实践，但不拘泥于实践，应当高于或超越实践。

（4）案例的形成与确认。案例经过筛选、提炼，有鲜明的主题和仿真情境，来源于教育教学实践，又高于教育教学实践的案例，应不限于一般的实物、场景材料或文本描述材料，还可利用现代教育技术和信息技术的多种手段将其研制成音像材料、计算机多媒体材料等。在使用案例之前，要充分征求专家、同行的意见和建议，获得他们的认可。要注意成功案例的收集、储存，形成一定规模的案例库，以备其他教师培训之需。

2. 案例操作的运用过程

（1）案例引入。案例引入即指培训者如何巧妙地将案例引入事先设计好的培训教学情境，这是十分重要的环节。一般可采取给学生讲述案例事件相关的故事，分发相关的阅读材料，展示其视听音像材料等方式，以吸引学生对案例内容的关注和兴趣；也可在使用案例之前拟出案例参考材料发给学生，参考材料的内容应包括案例事件有关内容的说明、相关的教育科学理论与学科知识背景介绍以及需要大家分析、思考、讨论的问题等。

（2）案例讨论。在案例培训模式中，提出讨论的问题往往来自多种渠道，培训教师事先应作好充分准备。尤其要注意在案例中设置好能导致学生思维“两难”的某个仿真情境；或引导学生对案例中某一现象进行分析评价，或侧重案例的某一方面用综合的眼光向学生提供开放性的问题供讨论。受训学生应积极参与讨论，主动根据自己思考、感悟、理解的问题提出解决的方案；并在比较、论证的基础上筛选出若干个较为理想的方案，从中确定出最佳方案。

（3）诠释与深度研究。在案例培训教学中，要多角度地解读案例，对案例内容进行详细的分析研究，对问题产生的原因和解决问题的方案进行全过程反思；要注意将适当的教育科研方法，如课堂教学行为技术分析等用于案例培训教学。案例培训研究仅满足于完成对案例的诠释是不够的，除对案例作出进一步的研究外，重要的是研究的结果不能只局限于特殊的、虚拟的环境，而应回归到真实的教育教学实践中，并且有针对性和灵活地加以运用，从而落实到对实际问题的解决。

二、合作学习培训模式

合作学习又称协作学习，是以现代社会心理学、教育社会学、认知心理学等为基础，以研究与利用课堂教学中的人际关系为基点，以目标设计为先导，以师生、生生、师师合作为基本动力，以小组活动为基本教学方式，以团体成绩为评价标准，以标准参照评价为基本手段，以大面积提高学生的学习成绩、改善班级内的社会心理气氛、形成学生良好的心理品质和社会技能为根本目标，极富创意与实效的教学理论与策略体系。合作学习的理论基础主要有集体动力理论、自控论原理、目标结构理论、社会凝聚力理论和认知心理学派的发展理论等。

（一）合作学习的分组原则

合作学习一般采用异质分组，即小组内各成员间形成性别、学习成绩、能力方面的差异。另外在教师培训过程中我们还要考虑教师的自身经历、教龄年限、社会背景和性格、脾气等方面的差异。由于每个小组都是异质的，所以就连带产生了各小组间的同质性，这就是合作学习的分组原则——组间同质、组内异质。组内异质为小组成员内部互相帮助提供了可能，而组间同质又为全班各小组间的公平竞争打下了基础。总而言之，合作学习的分组技术不同于传统的能力分组或兴趣分组——这些都是同质分组。合作小组的人数，建议每组 4 ~ 6 人，最多不超过 8 名学生。一般而言，合作小组究竟应该由几个人组成，实际上是一个动态的过程。既要考虑学生自身的交往能力强弱，也要考虑学习任务的难易程度。

合作学习小组内必须遵守一定的规则，而且成员应该有一定的分工，每一位成员都要被指定担任一种特定的角色，如领导者、激励者、检查者、协调者、报告者、操作者等，并且角色不要固定，应当轮流担任，以实现小组角色的互赖，从而增进生生互动的有效性。

（二）合作学习的基本流程

通常在教师培训的过程中案例培训模式的基本流程为：教学目标呈现—集体讲授—小组合作活动—测验—评价和奖励。

需要注意的是，合作学习的教学目标不仅是学术性目标，还包括了合作技能目标；不仅停留在认知领域，还包含了情感领域（如相互尊重、相互帮助、荣辱与共等）的教学目标；它并不完全否定传统的集体性质的课堂教学，而是兼顾教学的集体性与个体性，采用班级授课与小组活动相结合的教学组织形式；合作学习也并不排斥测验，但合作学习测验的目的不是排名次、分高低，而是检查小组任务完成的情况，以及测验学生的进步情况；合作学习的评价也与传统教学的评价不一样，它变传统教学中的常模参照评价（个体在整体中的名次）为标准参照评价（个体进步分数），同时不仅包括教师对学生的评价，还有学生之间的相互评价。

三、自主学习培训模式

自主学习亦称自我调节学习、自我指导学习等。目前，关于自主学习，这个概念的定义很多，通常认为自主学习是学生在学习活动中具有主体意识和元认知能力，并发挥自主性和创造性的一种学习过程或学习方式。

自主学习的基本特性主要包括四个方面：①能动性，与他主学习相对，指由学生的主观能动性驱动的学习，而不是受外界压力强迫被动地学习；②独立性，与依赖性相对，指学习不是依赖教师或他人来进行的，而是由学生凭借自身的能力、知识独立地完成学习活动；③有效性，指学生调动一切积极因素使学习过程优化，以达到最佳的学习效果；④相对性，自主是相对的，学习并非在任何方面、任何时间、任何内容上都是完全自主的，也不能把学习简单地分成自主和不自主。

根据对自主学习的研究，自主学习的构成元素通常有五个部分。①策略性知识。策略性知识指学生知晓并系统应用于完成学业任务的学习策略，主要包括计划、分析、监控和修正。②自我效能。自我效能指个体对他能否成功地达成某种特定结果的信念。信念的作用是引导自我强化，增加自信感，充分展现能力，以完成既定的任务。因此，自我效能是情境特定的自信与行为变化之间的中介。③主人翁感。主人翁感指学生调节自我学习的一种感觉。这种感觉是通过有意义的目标、所期待的变化和自身的学习过程而建立起的一种责任、义务感。④掌握心向。掌握心向指学生立足于学习和掌握内容来完成学业任务的一种倾向。⑤自我反思。自我反思指监控自我调节过程或学习过程的有意识的努力，这种过程往往包括了与他人的比较和根据认识及时修正自身的活动行为。

（一）自主学习的设计原则

1. 引导学生选择有效学习环境

在自主学习过程中，要引导学生选择适宜的学习环境。在基于网络的学习中，学习不再像传统课堂教学那样需要固定教室、课桌。学生可以自由地交流，不再局限于程序化的、呆板的学习形式。研究表明，在网络条件下我们可以针对不同学生来构建不同的学习环境，以增强学生学习动机，从而激发他们的学习兴趣。网络不但拓展了学习的时空，改变了学习的硬环境，而且增加了学生交流的空间、渠道，给学生带来了崭新的软学习环境。

2. 以教学目标与反馈来引导自我监控

自我监控是自主学习能力的一个重要成分，这个过程是与目标相联系的认知过程，可以生成引导后续行为的反馈，它在自主学习中极其关键。自我监控依靠两个重要的自主成分：反馈和目标设定。在以计算机为媒体的远程培训中，通过在线监控可以随时给在线学生提供多种反馈信息。在计算机考试系统中，考试成绩可以即时给出，学生可以以最快捷的方式得到反馈。这都可以给自主学生的自我监控提供有效的回应。

3. 通过组织教学与活动促进认知及元认知发展

网络可以提供多样的认知工具和丰富的学习资源，把抽象的定理、定义、概念的学习用技术手段转换成可听、可看的学习形式。例如，概念地图这种图形组织形式是一种源自学生的高级组织形式，就是将文章的要点、概念等按照一定的结构分层排布。概念地图是信息可视化的典型形式，它能以模型或章节来呈现/总结概念之间的关系。学生在学习中只要应用 Inspiration、Mind Mapper 等软件，简单地拖动图标就可以构造概念层次、关系连接和分类。在基于网络的自主学习培训模式中，许多教学工具软件可以帮助学生安排任务、组织信息和数据处理。

4. 为学生的自我评价提供持续评价信息和情境

自我评价是最终成绩与设定标准之间的比较结果，或者是用这些标准来做的自我判断。在自主学习的过程中，学习—反馈—评价—修正构成一个闭合的自主学习循环链，在这个循环链中，学生监控自己的学习手段或学习策略在实现学习目标方面的效果，并就反馈信息作出回应。这是一个循环往复的过程，在此过程中，学生的学习效果不断提高。

以计算机为媒体的远程教学有益于促进参训教师自主学习能力提高。在这种教学中，可以通过对完成的单元和掌握的程度进行自动报告来提供反馈信息。学习进度报告可以指明教学过程中的任务完成程度和水平。计算机实时教学可以持续对学习者进行测试，给学习者明确地进行自评的反馈信息，从而引导学生对考试项目进行复习。在自主学习中，计算机便捷的交互性能、可控功能，是学生自我评价能力发展的催化剂。

（二）自主学习的三种模式

在远程教师培训中，可以采取以下三种学习模式来促进参训学生进行自主学习。

1.“自主、互动、创新”的自主学习模式

“自主、互动、创新”的自主学习模式是以学生自主学习、主动探索、强化创新意识为主要特征的远程课堂教学模式，其核心目标是在学生的自主探究活动中，以学生发展为本，凸显学生的主动学习，并充分展现学生的思维过程和情感体验过程，强调培养学生自主探究能力和创新意识。坚持通过落实学生在学习中的主体地位，实现在教师的引导下，带着学生走向知识和能力双重素质的全面发展。

2. 学生为主、教师为辅的自主学习模式

学生为主、教师为辅的自主学习模式，要求学生具有一定的技术和知识水平，他们把自己看作培训的参与者，并做好了对学科进行探究准备。然而，这些学生还需要建立更深层次的自我指导学习的意识，更强的自信心及更强的向他人学习或一起工作的能力。学生主要的收获是学会运用学习策略。学生处于学习过程的中心，培训教师处于学生学习过程的中间过渡位置，表示起到帮助和促进的作用。培训教师在这一阶段和学生一起参与和经历学习，随着学生逐步提升主导角色，学生越来越多地参与作出某些决断。教师的精力主要放在向学生提供帮助、沟通和支持。

3. 学生完全自主独立的学习模式

在学生完全自主独立的学习模式中，学生控制着学习的全过程，处于核心地位；教师只起到顾问、咨询、指导的作用，处于学生学习过程之外，学生在某些学习环节可能向老师咨询，有时甚至不需要咨询老师，在学生讨论小组中就得到了解决，所以代表老师的部分及对各学习环节的指导用虚线表示，表示可以或缺。要求学生首先具有很强的自主学习能力，能够客观地评价自己，正确分析目前的需求，对学习目标的设定有深刻的理解，对学习过

程中遇到的困难有心理准备并积极寻求解决办法。其次，能充分利用来自各方面、多渠道的学习资源，并作出筛选。最后，实时对自己的学习作出自我评价，并作出学习步调的调整。这对继续教育或成人教育对象是十分适合的。

四、抛锚式培训模式

当前，随着多媒体和网络技术的迅猛发展，教育理论以及学习心理学研究的进一步深入，对传统的教学模式、教学方法、教学内容、教学手段、教学评价正产生着深刻的影响。在它们的推动下，以学生为中心的网络教学模式得到迅速发展。与传统的课堂教学相比，网络教学具有丰富的信息资源、网状的信息呈现方式、时空开放性和广泛的交互性等特点，这些特点为创建建构主义的学习环境提供了理想的条件，使得抛锚式教学成为网络教学的主要形式之一，从而成为基于网络的一种重要的教师培训模式。

抛锚式教学有时也称“实例式教学”或“基于问题的教学”，“抛锚式教学理论既强调学生的认知主体作用，又不忽视教师的指导作用”[①]，这种教学要求学生到实际的环境中去感受和体验问题，而不是听这种经验的间接介绍和讲解。在实际情境中一旦确立一个问题，整个的教学内容和教学进程就被确定了（就像轮船被锚固定一样）。可见，在抛锚式教学模式中，“锚”指的是包含某种问题或任务的真实情境。问题或情境的真实性有利于激发学生的学习动机，并深化学习。

（一）抛锚式教学的原则

抛锚式教学有以下两条重要的设计原则。

第一，学习与教学活动应围绕某一“锚”来设计，它必须是隐含着问题和任务的某种类型的个案研究或问题情境。

第二，课程设计应允许学生对教学内容进行探索。抛锚式教学的设计原则依据吉布森有关“供给者”的理论。吉布森的“供给者”的理论认为，环境的不同特征支持着有机体的各种特殊的活动。同样，不同类型的问题情景也支持着不同类型的学习活动。作为教学支撑物的“锚”的设计，在于促进建构主义学习观所强调的学习活动类型。这种活动类型包括对教学内容进行

① 张莉萍，徐丽娜，邹琤．抛锚式教学理论在案例教学设计中的应用 [J]．继续教育，2015（10）：64.

协作学习，自主探索以及意义建构等。

（二）抛锚式教学的过程

抛锚式教师培训模式的教学过程一般包括以下几个部分。

第一，创设情境。培训组织者要借助网络教学环境，为学生创设有利于探索的问题情境，并在问题情境的不同细节中，设计进一步探索问题的建议和暗示（以利于学生的自主探索），使学习能在和现实情况基本一致或相类似的情境中发生。

第二，确定问题。选择出与当前学习主题密切相关的真实性事件或问题作为学习的中心内容，即让学生面临一个需要立即去解决的现实问题。选出的事件或问题就是“锚”，这一环节的作用就是“抛锚”。学生确定问题，并确认与这些问题相关的信息资源，这些信息资源通常是网络资源库或用搜索工具可以搜索到的资源。

第三，自主学习。学生展开自主学习活动。教师不是直接告诉学生应当如何去解决面临的问题，而是向学生提供解决该问题的有关线索，例如需要收集哪一类资料、从何处获取有关的信息资料以及现实中专家解决类似问题的探索过程等，并要特别注意发挥学生的“自主学习”能力。

第四，协作学习。对某些复杂问题，通常学生不能独立完成解决问题的，则需要与同伴或指导教师讨论和交流。通过学生与学生之间、学生与指导教师之间的互相讨论、交流，使不同观点彼此发生碰撞，从而可以补充、修正并加深每个学生对当前问题的理解。这时教师应当鼓励学生去考虑多种可能的问题解决方案，并鼓励他们与学习伙伴或小组讨论自己的想法。学生需要进一步确定和完成每项方案所包含的子目标，并识别与这些子目标相关的信息及非相关信息，最后对多种解决方案进行评估，从而确定最佳解决方案。

第五，效果评价。抛锚式教学的效果评价包括小组评价和由教师进行的评价。学生与同组成员交流自己的心得和经验，小组进行评价，学生反思自己解决问题的思维过程。由于抛锚式教学要求学生解决面临的现实问题，而学习过程就是解决问题的过程，即由该过程可以直接反映出学生的学习效果，因此教师对这种教学效果的评价往往不需要进行独立于教学过程的专门测验，只需在学习过程中随时观察并记录学生的表现即可。需要注意的是，这些活动并不是按照某种固定的顺序进行的，即学生在问题情境中探索和解决问题的活动是非常灵活的。

第五章 师资队伍人才的激励与评价

第一节 教师激励理论与原则

一、教师激励理论

（一）心理学激励理论

人是组成组织的最小单元，也是组织活动的具体执行者和基础。因此，研究人的行为是构建组织模式的基础，这样对人行为动机的研究就成为找出激励人积极性的基本原理。个体的动机与激励的程度不同，所以人的工作成绩也是不同的，学术界通过对个体的研究已经取得了一系列具有代表性的理论。随着行为经济学、实验经济学的发展，对心理学激励理论的研究将更为重要。在过去，尽管经济学家在理解激励、契约和组织方面取得了很大的进步，但是他们对人的动机的研究却较为狭隘。如果忽视了动机，金钱作为激励可能会产生反作用。此外，这些动机也许能产生更为强大的对自身的激励。强有力的非罚金的激励、对回报的期望和避免社会不满的期望也会对人的行为有重大的影响。忽视这些动机，经济学家很难理解行为的改变和水平。再则这些动机与经济激励在重要方面是相互作用的，结果是经济学家很难理解经济激励的效果。主要有三种人的动机与经济激励相互作用：回报的需求、社会承认的需求、做有兴趣的任务的工作的需求。前两个动机是社会性的，后一个动机则与工作的任务性有关。

激励理论试图解释和预测一个人在组织中的行为表现，并为组织确保员工行为与组织目标的一致性提供理论依据。自 20 世纪初开始，以泰勒的“差别计件工资制”等为代表的强调“经济人”和单纯通过金钱刺激进行激励的观点，拉开了激励理论研究的序幕，心理学家、经济学家、管理学家和社会学家们从不同的角度研究了应怎样激励人的问题，并提出了种种激励理论。按其所研究的激励侧重点的不同及其与行为的关系不同，可以把各种激励理论划分为内容型、过程型、综合型、行为矫正型等。

1. 内容型激励理论

内容型激励理论认为，需求是激励过程的起点。激励问题主要是激发需求，使需求转化为工作动机的问题。因此，内容型激励理论主要是从人的需求出发，以人的需求、动机等心理内容为研究重点，来探讨工作动机激励的规律性，旨在找出促使员工努力工作的具体因素。内容型激励理论包括以下几种。

（1）马斯洛的需求层次论。需求是个体和社会的客观需求在人脑中的反映，是个体或群体对其生存与发展条件所表现出来的依赖状态，是个人的心理活动与行为的基本动力。需求是人类行为的积极的动因和源泉，需求引起动机，而动机驱动行为。因此，弄清了人类的基本需求结构或层次，就能很好地说明、解释、预测和控制人类的行为。需求层次论将人的基本需求按重要性和发生的先后顺序分为五大类：生理、安全、社交、尊重和自我实现，认为由于人的五类需求驱动了人的各种行为。需求层次论是提出最早、影响最大、在研究组织激励时应用最广泛的一种激励理论。

第一，生理需求。生理需求是人类维持自身存在的最基本需求，如衣、食、住、行等。当一个人受某种生理需求支配时，他的理想境界可能会变化。如长期处于极端饥饿状态的人，追求目标先是食物。为此，生活的目的就被看成是为了饱腹，但是一旦这种需求被满足了，就不再是一种需求了。生理需求是属于最低层次的人类的基本需求，是推动人们行动的强大动力。

第二，安全需求。人们喜欢一个安全的、有秩序的、可以预测的、有组织的世界。在那里也有所依靠，不会发生意外的、难以控制的或其他危险的事情。安全需求的含义是广泛的。从世界和平、社会安定直至个人的安全，人们希望有一个和平、安全、良好的社会，在这个社会中，健康、正常、幸运的人安全需求基本上可以得到满足。人们不希望受到不安全因素的威胁。这是为了保障人类自身的安全，保证个体没有失业和失去财产的担心，以及保障个体能够依赖组织获得一种安全的机制。

第三，社交的需求。社交的需求包括与人交往、友谊、爱情、归属以及被接纳。个人在生活中感到需求朋友、爱人、孩子，渴望与同事之间有着深厚情谊。现实生活中，要搞好人际关系，不能简单地就事论事、组织服从，而应该有感情与爱的因素。

第四，尊重需求。社会上所有的人都希望自己有稳定、牢固的地位，并希望得到别人的高度评价，需求包括自尊与尊重他人。尊重需求分为两类：一类是希望有实力、有成就、能胜任、有信心，以及要求独立和自由；另一类是要求有名誉或威望，以及受到别人的赏识、关心、重视或高度评价。

第五，自我实现的需求。自我实现的需求是指促使人的能力得以实现的趋势，并希望自己越来越成为所期望的人物，以及完成与自己能力相称的事情，使自己的潜能现实化，从而成为有完美人性的人，成就能够成就的一切。自我实现包括心理健康、自主性、创造性等。在现实社会中，人的高层次需求应该是自我实现。人们千方百计地通过工作实践将自己的潜能现实化，现代人应该不断地希望向往和有所追求，使自己成为一个比较完美的自我实现的人。

马斯洛的需求理论揭示了人的需求本质，在一定程度上反映了人类行为和心理活动的共同规律，对激励理论和激励管理产生了积极的影响，但是实践证明人的需求常常是复杂的、模糊的，主要表现为四个方面。一是这五种需求像阶梯一样从低到高，但这种次序不是完全固定的，它可以变化。二是一个层次的需求相对地满足了，就会向高一层次发展。这五种需求不可能同时满足，越到上层，满足的百分比越少。如果最低级的需求得不到满足，其他更高级的需求就不会发生作用。三是同一时期内，个体可以同时存在几种需求。因为人的行为是受多种需求支配的。但是，每一时期内总有一种需求是占支配地位的，这种最强烈并制约其他需求的因素就叫作“优势需求”。四是满足了的需求就不再是一股激励力量。

因此，需求层次理论是一种递进式需求，具有直观性和简易性，并考虑了个体的心理特征与需求差异，在一定程度上也反映了人类的行为和心理活动的共同规律，指出了人从低到高的基本需求的满足对个体及组织行为的影响，对管理者如何有效地调动人的积极性有启发作用。借鉴马斯洛需求层次理论的积极方面，我们就应该注意研究和掌握员工的需求结构，把握其共性与个性，并了解员工的需求差异，分析哪些是优势需求、哪些是一般性的需求，而这些对于科学地实施激励是很重要的。应当注意的是，马斯洛的需求层次理论也有一定的局限性，它侧重于个人的心理因素，忽视了人的需求的社会性，缺乏实证资料的支持，不具有普遍适用性，未满足的需求不一定就有激励作用，已满足的需求不一定没有激励作用。

（2）奥尔德弗的ERG理论[①]。ERG理论认为，人的需求只有生存需求、关系需求和成长需求三种核心需求。生存需求，指人在衣食住行方面的基本需求。关系需求，指与他人和睦相处、建立友谊、寻找归属的需求。成长需求，类似马斯洛的某些自尊和自我实现的需求。ERG理论认为，各个层次的需求得到的满足越少，则这种需求越为人们渴望；较低层次的需求越是能够得到较多的满足，对较高层次的需求就越渴望；较高层次的需求越是满足得少，则转向对较低层次的需求渴望也越多。

ERG理论与马斯洛的需求层次理论的区别在于以下几点。第一，需求层次理论是建立在满足上升的基础上，也就是一旦较低层次的需求已经得到满足，人们将选择更高一级的需求；而ERG理论不仅提出了需求层次的“满足—上升趋势”，而且也提出了“挫折—倒退模式”。挫折倒退说明较高的需求未满足或受到挫折时，人就会将更强烈的欲望放在一个较低层的需求上。例如，成长需求受到挫折，就会下降到对人与人关系的需求产生更大的希望。第二，需求层次理论认为每一个时期只有一种突出的需求。而ERG理论认为，在任何一段时间内可以有一个或一个以上的需求同时发生。第三，需求层次理论认为，人的需求是严格地按低级到高级逐级上升的，不存在越级，也不存在由高到低的下降；ERG理论则认为人的需求可以有越级的发展顺序，一旦遇到挫折也存在由高到低的下降，某种需求在得到基本满足以后，其强烈程度不仅不会减弱，反而可能会增强。

奥尔德弗的ERG理论强调了人的生存关系和发展，认为人们可以同时去追求各种层次的需求，或在某种限制下在各种需求之间进行转化，修正了马斯洛的需求层次理论的不足之处，更切合现实情况，对劳动人事管理和现代组织激励管理都有深刻的启迪意义，如“职业生涯发展计划”就根源于此。虽然ERG理论在需求的分类上并不比需求层次理论更完善，对需求的解释也并未超出需求层次理论的范围。但ERG理论比需求层次理论更能符合我们关于对个体差异的认识，并且ERG理论支持那些由于教育、家庭背景和文化背

① ERG理论是生存、相互关系、成长三核心需求理论的简称，因这三个英语单词的字头E、R、G而得名，它是对马斯洛的需求层次论加以修改而形成的一种激励理论。

景不同的人们需求种类排列顺序的差异。如美国人是将生存需求排在关系需求之前，而日本人则是将关系需求排在生存需求之前。所以，如果认为马斯洛的需求层次理论是带有普遍意义的一般规律，那么ERG理论则偏重带有特殊性的个体差异，这表现在ERG理论对不同需求之间联系的限制较少。

（3）赫茨伯格的双因素理论。双因素理论认为，人类有两种不同类型的需求，它们是彼此独立的，且能以不同的方式影响人们的行为。一类是保健因素，又称非本质因素或情境因素，即与工作外部环境和条件相关的因素，这些因素没有激励人的作用，但却有预防、保持人的积极性、维持工作现状、消除员工不满的作用（如工作本身、社会承认、责任、成就、发展、进步等）；另一类是激励因素，又称本质因素或内容因素，即影响人们工作的内在因素，其本质为注重工作本身的内容和性质，借此可以提高工作效率，从而促进人们的进取心，激励人们作出最好的表现（如组织政策与行政管理、工资、工作条件、与上级关系、与同事关系、与下级关系、安全、地位、工作保障、监督等）。双因素理论认为，满意和不满意并非共存于单一的连续体中，而是截然分开的，这种双重的连续体意味着一个人可以同时感到满意和不满意。

把赫兹伯格的理论用到管理工作中，可以获得在管理人力资源方面的两种重要激励思想。首先，激励因素一般属于心理成长因素，与工作本身关系密切，如工作内容本身、责任、进步等，所以应不断予以强化，使员工保持饱满的工作热情。对不同的人而言，激励因素和保健因素也不同，有些人的保健因素可能是另外一些人的激励因素。其次，保健因素与工作环境有关，如创造良好的工作外部环境和条件，给员工多一些主人翁责任感，多安排挑战性的工作，扩大工作范围，增强成就需求，进而让工作本身成为一种强有力的激励因素。

赫茨柏格的双因素理论和马斯洛的需求层次理论是相吻合的，但比需求层次理论更进了一步。双因素理论认为，并不是所有需求层次的满足都能激励员工的积极性，有的需求的满足只会使人感受到外在的、有限的激励作用，而有些需求的满足则可以极大地激发人的工作动机，调动员工的积极性。这就为管理者更好地激发员工的职业动机提供了新思路。双因素理论重视和强调内在激励，是一个重要的并有时代意义的观点，但双因素理论把工资、奖金这类因素归为保健因素，在员工生活还不够富裕的情况下，工资、奖金还是重要的激励因素。同时，双因素理论的研究方法受到方法论的限制，其提问方式有可能误导被提问者，也没有对满意度进行整体的测量，同时忽视了环境变量的作用等。因此，在进行教师需要的分析时，还要结合实际情况，对保健因素和激励因素进行科学的划分。

（4）麦克利兰的成就激励理论。成就激励理论认为，在人的生存需求基本满足的前提下，人的激励需求有三种：成就需求、权力需求和社交需求，其中成就需求是其理论的核心概念。权力需求，指人有借助权力控制他人的欲望。社交需求，指负有全局责任的管理者把社交看得比权力更为重要。成就需求，是一种内化了的优越标准的成功需求，是人对挑战性工作及事业成就的追求，会引发人的快乐，增加奋斗的精神，它是一个人完成自己所设置的目标的需求，对行为起主要影响作用。成就激励理论认为有高成就需求的人是人类的精华。

成就激励理论认为，有两个主要因素决定和影响着一个人的成就需求，这两个因素就是环境和个性。具有强烈成就需求的人，把个人对成就的追求看得比金钱更重要，从成就中得到的鼓励超过物质鼓励的作用，把报酬看作衡量成就大小的工具。他们有强烈的事业心和独立性，勇于克服困难和担当一定的风险，比较实际，大多是进取的现实主义者。三种需求排列的层次和重要性对不同的人所产生的程度是不同的，个人行为主要决定于其中被环境激活的需求。管理者可以通过员工的需求类型，施以不同的激励措施。

麦克利兰的成就激励理论丰富了马斯洛自我实现的观点，强调通过教育可以造就出高成就需求的人，这都是值得借鉴利用的。管理者的一项主要职责，就是发现和培养具有高成就需求的人才，把他们放到最能发挥他们潜力和作用的岗位上去。麦克利兰的成就需求理论对于把握教师的高层次需求，具有积极的参考意义。但是，在不同国家、不同文化背景下，成就需求的特征和表现不尽相同，要具体分析和把握。

2. 过程型激励理论

过程型激励理论和内容型激励理论有所不同，内容型激励理论侧重于人的需求，研究人的需求的组成和结构，如何使这些需求激活起来成为工作动机。而过程型激励理论侧重于由需求到动机、由主观需求到客观行为的中间过程，研究人是如何确定行为目标，如何选择行为方式以及需求是如何转化为行为的动机。过程型激励理论主要有：期望理论、公平理论、目标设置理论。

（1）期望理论。弗鲁姆的期望理论是围绕着激励水平、效价、期望值这三个概念建立起来的，它是一种通过考察人们的努力行为与其所获得奖酬之间的因果关系，而言明激励过程的理论。这一理论可用公式来表示：$M=V\times E$。其中 M 为激励水平，指调动一个人的积极性、激发人的内部潜力的强度；V 为效价，指个人对某种结果效用价值的判断，指某种目标、某种结果对于满足个人需要的价值，或者说是某种结果对个人的吸引力；E 为期望值，指根据一个人的经验判断一定行为能导致某种结果和满足需要的概率，即被激励者对实现目标可能性的估计。

根据这个公式，当一个人对某种目标的价值估价越高，同时他判断自己获得这一成果的概率越大时，则这一成果对他的行为的激励力量也越大，对于调动他的积极性的作用也越大。降低 V 和 E 中的任何一个，都将导致激励水平下降。显然，一个对自己没有多少价值的目标，即使达到目标的可能性很大，人们也不会有太强烈的愿望去实现它；同样，对一个很有价值的目标，虽然人们有很强烈的愿望实现这个目标，但要成功几乎是不可能的，理性的人也不会去做无用功。可见，人的动机强度或激励力量，既决定于个体对实现预期目标或成果的可能性大小的判断（即期望值），也决定于目标价值，个体对实现预期目标重要性满足需要程度的评价。

由期望理论的公式可知，一种激励因素激励作用的大小取决于其效价和期望值，这两者共同决定着激励作用的大小。通常有四种情形：一是效价很高，同时实现目标的概率也很高，那么这种激励因素就有极大的激励作用，可谓强激励；二是效价高，期望概率低，则激励作用很小，可谓弱激励；三是效价低，期望概率高，激励作用也很小，可谓弱激励；四是效价低，期望概率也低，激励作用极小，可谓极弱激励。因此，当管理者采用某种激励目标时，要使下属对其效价和期望概率都有较高的评价，这种目标才真正有激励作用。这种理论的贡献在于：阐述了个人目标以及努力与工作绩效、绩效与奖励、奖励与个人目标满足之间的关系，并指出不存在一种普遍的原则能够解释所有人的个体行为，为我们进行奖励并评估组织的奖励政策提供了基础。这种理论的局限：所提出的期望模型看似正确但难以检验，个人是否有能力像该理论所描述的那样有意识地作出各种理性的选择受到质疑。

（2）公平理论。公平理论是在社会比较中探讨个人所作的贡献与他们得到的报酬之间如何平衡的一种理论，侧重于研究工资报酬的合理性、公平性对个人积极性的影响，所以公平理论又叫社会比较理论。这种理论认为，人们的行为动机不仅受到绝对报酬的影响，而且受其所得相对报酬的影响。亚当斯把公平理论系统地引入工作激励理论中来，提出了一个简易的公式：Op/

Ip=Or/Ir，式中大写字母O和I，分别表示有关人物所获“结果”（收益）和他们所付出的工作“投入”（贡献）；小写字母p与r则是脚注，分别代表“当事者”与“参照者”。当公式成立时，当事者感受公平，认为分配是公平合理的、令人满意的；当公式中两端不等时，当事者会产生不公平感，这种公平感或不公平感是由客观刺激作用于个体而在个体心理上产生的一种主观判断，对人的积极性和工作态度产生很大影响。

公平理论认为，一般有两种比较方法：一种是纵向比较，即自己现在得到的报酬与自己过去得到的报酬相比，如果现在比过去所得报酬低了，就会产生不满情绪，从而影响工作的积极性；另一种是横向比较，即自己与他人的所得报酬相比，通常是用自己所得报酬与投入的比，与他人所得报酬与投入的比来衡量。公平是平衡稳定状态，报酬过高或过低都会使当事人感到心理上的紧张和不安，就会被激励而采取行动来消除和减少不公平感，主要采取以下策略：谋求增加自己的报酬；谋求降低他人的报酬；设法降低自己的贡献；设法增加他人的贡献；另换一个报酬与贡献比值较低者作比较。

公平理论为认识员工的激励问题提供了又一思路，在研究缺勤和流动行为时最有效，但它也具有局限性：首先，在大多数工作环境中，人们更能容忍甚至喜欢报酬过高带来的不公平；其次，并不是所有的人都对公平敏感。

（3）目标设置理论。目标设置理论强调研究目标的重要性，它是组织行为学中理论与实际相结合的一个典型范例。目标设置是通过为个人、部门、群体和组织确定所期望的努力来提高组织效率的过程，而目标则是个人、群体和组织要努力达到的未来结果。目标设置理论认为，目标设置是管理领域中最有效的激励方法之一，员工的绩效目标是工作行为最直接的推动力。该理论致力于实现目标是工作的最直接的动机，人们追求目标是满足自己的情绪和愿望。目标会使人的行为具有方向性，引导人们达到某种特定的结果，而不是其他的结果。因此，目标设置的过程是一种有效的激励措施，目标设置理论从开始着重设置个人目标一个方面，发展到包括根据经营环境设置组织和个人目标两个方面。

对个人而言目标设置是个人发展、谈判和制定对之负责的目标的过程。目标必须是难度适中的能激发人的工作行为进而达到更好的工作绩效。同时，目标要明确，目标导向必须是具体的、可测定的、能以具体数字说明的。目标与绩效之间要有及时的反馈，绩效就是目标的效果，而且这种绩效是在目标导向行为与目标完成行为循环交替的运行中取得的。

目标设置理论的实际应用价值包括如下方面。首先，它为管理者判断职员的低水平和一般水平绩效表现提供了一个分析框架，可用于发现潜在的问题：“目标是怎样被定下来的？目标具有挑战性吗？哪些因素影响着职工对目标的承诺？职工知道他什么时候做得比较好吗？”其次，为管理者如何营造能带来高绩效的工作环境提出了简明的建议。最后，描绘了影响高绩效的几个关键因素之间的关系，例如目标的难度、目标承诺、反馈、奖酬等。

目标管理的优点在于：目标管理通过制定个人具体的、富有挑战性的目标，对职工具有激励效应，从而提高了工作绩效；由于目标是以可测量的标准制定的，因此，易于对职工的工作绩效进行考核和评价；在目标管理中，每个职工都明确他该做什么，也知道要想得到高度评价该怎样做，有助于职工自我管理和自我激励；由于组织了解职工的目标，因此可以进行全面规划和协调；目标管理中，考核的标准比较全面，易于实施控制。

目标管理的缺点在于：由于过分强调结果，往往忽视了职工实现目标的过程，可能会导致职工采取不正当的手段来达到目标；由于每个人只注重自己的既定目标，不利于相互协作；实行目标管理，需要训练有素的管理人员。

3. 综合型激励理论

（1）勒温的场动力论。勒温的场动力论提出一个函数关系式为：B＝F（P·E），其中B指个人行为，P为个人的内部动力，E为环境。公式表明，个人行为的向量取决于环境刺激和个人内部动力的乘积。该理论说明，任何外部刺激要成为激励因素的话，还要看内部动力的强度，两者的乘积才能决定人的行为方向和强度高低。

（2）波特和劳勒的综合激励模式。波特和劳勒的综合激励模式含有努力、绩效、能力、环境、认识、奖酬和满足等变量。在绩效和内在性奖酬之间就有一种直接的关系，在绩效和当事人自认为应得的奖酬之间有一条虚线，表示当事人的绩效将影响他们自认为应得的奖酬。绩效、奖酬和满足三者的关系是：绩效—奖酬—满足。

（3）罗伯特·豪斯的综合激励模式。豪斯激励模式用公式表示为：激励力量＝内在激励＋完成激励＋结果激励，即某项工作任务的激励力量等于该项任务所提供的内在奖酬的效价，完成任务内在的期望值和内在效价，任务完成而获得外酬的期望值和外酬的效价三部分之和。三部分激励力量各自发挥自己的作用，相辅相成，相得益彰。但并非缺一不可，若全都具有，无疑激发的力量会更大。

4. 行为矫正型激励理论

行为矫正型激励理论重点是研究如何改造和转化个体的行为，变消极为积极的一种理论。因此，该类激励理论通常又称为行为改造型激励理论，相关的研究成果主要有：强化理论、归因理论、学习型组织理论、挫折理论。

（1）强化理论。强化理论以操作性条件反射论为基础，这种理论强调研究个人的外在行为，侧重于研究个人行为结果对行为的作用。所谓强化，是指在条件反射形成以后，为了防止条件反射消退，必须不时伴随以无条件刺激物，也就是对某一行为肯定或否定的后果（即奖励或惩罚）在一定程度上决定了该行为是否重复，只要控制行为的后果——奖励与惩罚，就可以达到控制和预测人的行为的目的。强化就是行为与影响行为的环境之间的关系，也就是通过不断改变环境的刺激因素来达到增强、减弱或消失某种行为的过程。强化理论的基本观点是：人的行为受到正强化会趋于重复发生，受到负强化会趋于减少发生；激励人们按一定要求和方式去工作，以达到预定的目的，激励往往比惩罚更有效；反馈是强化的一种重要方式，应该让人们通过某种形式或途径及时了解行为的结果；为了使某种行为得到加强，奖赏应在行为发生以后尽快提供，延缓奖赏会降低强化作用。

强化手段通常有三种形式：一是正强化，即用某种有吸引力的结果或奖酬，如认可、赞赏、奖金、提升等，表示对某一行为的肯定，使其重视和加强这一行为；二是负强化，即用惩罚、制裁和批评等手段，使人们消除或减弱不良行为；三是自然消退，即取消正强化，对某种行为不予理睬，以表示对该行为的轻视或某种程度的否定，一种行为长期得不到正强化，会逐渐减弱或消失。强化理论为分析控制行为的因素提供了有力的分析工具，但它忽视了人的内部状态以及情感、态度、期望和其他已知的会对人的行为产生影响的认知变量。

（2）归因理论。归因理论是说明和推论人们活动的因果关系的理论，人们用这种理论来理解、预测和控制他们的环境以及随这种环境而出现的行为，因此，也有人把归因理论叫作认知理论，即通过改变人的自我认识来达到改变人的行为。归因理论是由行为的结果来推断行为的原因的过程，通过已成为定局的成功或失败的结果，找出最佳激励的途径。

一般而言，任何行为的发生，究其原因可以分为外部原因与内部原因两种。外部原因又可称为情境归因，这种情况下，判断一个人的行为，其原因主要来自外界环境，如社会条件、社会舆论等。内部原因又可称为个人倾向归因，这种情况下，判断一个人的行为，其原因是决定于主观条件，如个人本身的特点：兴趣、信仰、态度、性格等。不同的归因会直接影响人们的工作态度和积极性，进而影响随之而来的行为和工作绩效，对现在和过去成功或失败的归因会影响将来的期望和坚持努力的行为。

归因理论认为，坚持是成就行为的主要特征，对于前一段行为的因果关系的分析推论将直接影响和决定着以后的行为。因而该理论在激发成就动机、促进继续努力的行为方面有重要作用，成就的获得有赖于对过去工作是成功或失败的不同归因。把以往的工作或学习的失败归因于内外因中的稳定还是不稳定因素是影响今后工作或学习的成功期望和坚持努力行为的关键；把失败归因于自己脑子笨、能力低这样一类稳定的内因，则不会增强今后的努力与坚持性行为；把失败归因于自己不够努力，则可能增强今后的努力与坚持性行为；把行为失败归因于工作（学习）任务重、工作难度大等稳定性的外因，则会降低行为者的自信心、成就动机、行为者的努力和坚持性；把失败归因于偶然生病或其他事故等不稳定的外因，则不一定会降低人的行为积极性，会出现努力或坚持性行为。

总而言之，把失败归因于稳定因素，则会降低成功的期望，失去信心，出现不再坚持、努力的行为；把失败归因于不稳定的因素，就会增强人的自信心，增强努力与坚持性行为，争取成功的机会。

（3）学习型组织理论。学习型组织理论被视为新的企业组织创新理论，它的研究目标是如何创造一个真正出色的企业，即一个能够设法使企业所有成员全身心投入，并有能力不断学习的组织。学习型组织理论虽然是一种企业组织行为理论，但从员工激励的角度来看，它为员工的自我激励、为企业创造一种激励型组织提供了新的理论和方法，也提供了新的技术和手段。所以学习型组织理论也是一种激励理论，企业通过学习型组织建设可以在企业内部建立起激励型组织，为员工的自我激励创造良好的环境，达成激励工作的最佳状态。

（4）挫折理论。挫折是指个体遭受阻碍后所引起的情绪状态，是指个体在从事有目的的活动时，在环境中遇到障碍或干扰，使其需要和动机不能获得满足时的情绪状态，是一种社会心理现象。自然环境、物质环境、社会环境等客观因素或者是人的动机间的冲突、生理条件、能力与期望的矛盾，对工作环境了解不足等主观因素，都可能是使人产生挫折的原因。挫折理论所注重的不是挫折本身而是挫折感。因为挫折的产生往往是不以人的意志为转移的，然而由此导致的挫折感及其对行为的影响却是因人因情景而异的，挫折既能产生积极的效应，引导个体产生创造性的变迁，增强解决问题的能力，也能产生消极的效应，个体会因挫折太大，导致心理痛苦，产生行为偏差。

人的个体差异性决定人们遭遇挫折后在情绪和行为上都会有不同的反应，在情绪上常会有愤怒、焦虑、沮丧甚至退化（回归），在行为上常会有攻击、防卫、逆反、固执等反应。作为管理者，应采取适当的措施，例如给予其发泄的机会，对其攻击行为要容忍，改变其工作环境，对其进行心理治疗等。根据挫折理论，在管理工作中，一方面，应尽量消除引起职工挫折的环境，避免使职工遇到不应有的挫折；另一方面，当职工受到挫折时，应尽量降低挫折所带来的不良影响，如采取心理咨询、心理治疗等方法，提高职工对挫折的容忍度。

（二）经济学激励理论

一般而言，经济学是研究资源配置问题的，但是从现代经济学的发展方向来看，经济学越来越注重对人类行为的分析。从这个意义上而言，激励问题是经济学研究的精髓。20 世纪 70 年代以后，激励问题作为现代企业理论的重要课题取得了迅速的发展，产生了委托—代理理论、动态激励模型、证券设计理论、标尺竞赛理论等一系列的经济学激励理论。

1. 委托—代理理论

委托—代理理论也就是激励性契约的机制，在企业内部，激励问题的产生是由于企业中存在的委托—代理关系。委托—代理问题的解决原则是如何建立一种激励机制，使代理人的行为有利于委托人的利益。代理人都喜欢闲暇，有偷懒的动机。因此，委托人必须设计一种机制来降低代理人的偷懒动机，使代理人的目标与委托人的目标相一致。从委托人的角度来看，他追求自身效用最大化，同时知道代理人也追求自身效用最大化。然而，两者的效用最大化目标往往是不一致的。因此，委托人必须设计出一个代理人能够接受的契约，这一契约能够使代理人在追求自身效用最大化的同时，实现委托人的效用最大化。委托人试图使代理人按自己的利益而行动，但委托人不能直接观测代理人选择的行为，能观测的只是一些变量，这些变量是由代理人的行为和其他一些外生随机变量共同决定的，只是代理人的不完全信息。委托人的问题是如何奖惩代理人，激励代理人选择有利于委托人的行为，激励问题就这样产生了。具体到委托人如何与代理人签订激励契约，在契约中规定代理人的业绩标准给予多大的奖励系数。

代理人面临着两个约束：一是参与约束，即代理人从接受契约中得到的期望效用不能小于不接受契约时得到的最大期望效用，代理人“不接受契约时能得到的最大期望效用”由他面临的其他的市场机会决定，其实是一种机会效用，称为保留效用，又称为个人理性约束；二是激励相容约束，给定委托人不能完全观测代理人的行为，在任何激励契约下，代理人总是愿意选择使自己期望效用最大化的行为。

2. 动态激励模型

在动态激励模型中，有两种著名的模型一种是代理人市场—声誉模型。在现实中，“时间”可以解决委托—代理中的激励问题。从长期看，由于经理人市场的竞争，即使没有显性激励合同，经理人也能努力工作，以改进自己在经理人市场中的声誉，从而提高未来的收入。霍姆斯特姆将上述思想模型化，形成了代理人—声誉模型。另一种是魏茨曼提出的棘轮效应。棘轮效应的核心观点是，人们在完成任务之前，对任务的记忆和关注度更高，而一旦任务完成，人们往往会忘记相关的细节。这一现象的解释通常涉及到心理学中的认知不一致理论。未完成的任务会在人的大脑中留下一种“心理张力”，促使人们持续关注和回想这些任务，以期获得一种解决的满足感。

动态激励模型是在管理和组织领域中使用的一种框架或理论，用于激励员工并增强其工作动机。这种模型侧重于理解员工动机的不同方面，并尝试设计激励方案，以促进他们的表现和投入。动态激励模型可能包括以下元素。一是奖励系统：设计奖励系统，以便员工通过达到特定目标或表现出色来获得认可和回报。二是目标设定：确定明确的、可衡量的目标，激励员工朝着这些目标努力工作。三是个人发展：提供培训、发展机会和职业发展规划，以激发员工的兴趣并增强他们的技能。四是反馈机制：提供及时的、建设性的反馈，帮助员工了解他们的表现，并提供改进的机会。五是工作环境：创建积极的工作氛围，鼓励团队合作、创新和成就感。动态激励模型通常是一个灵活的框架，可以根据特定情况和员工群体的需求进行调整。

3. 证券设计理论

证券设计理论建立了有关投票与剩余索取权相匹配的模型，认为证券能够作为一种激励手段，以保证一名优秀的经理人获得对公司的控制权。只要将选择经理人的权利交给那些真正承担经营风险的投票人，经营业绩不好的经理人将会失去对企业的控制权。因此，这一选择机制有助于激励经理人为企业的控制权而努力工作，提高经营业绩，尽量避免出乎意料的收益下降，避免股票的大幅下跌，以巩固经理人对企业的有效控制。因此，将控制权与企业绩效联系起来是激励经理人提高经营业绩的重要手段。

4. 标尺竞赛理论

标尺竞赛理论通过代理人的绩效和类似条件下的其他代理人的绩效进行比较，从而在一定程度上能够发现代理人的努力程度。在设置经理人的起始绩效时，需要比较类似经理人的起始绩效水平，考虑该起始绩效的挑战性以及激励程度，才能设置具有竞争性的标尺以及奖惩制度。

二、教师激励原则

激励教师是确保他们保持高效工作并持续进步的关键，教师激励的原则主要包括以下几个方面。

第一，认可和赞赏。教师是塑造未来的关键人物，而给予他们应有的认可和赞赏是保持其工作热情和动力的重要途径。当教师在教学中展现出色，或者在学校社区作出积极贡献时，表扬和肯定的话语能够深深激励他们。这种肯定不仅仅是对工作的认可，更是对其辛勤付出的尊重。无论是在课堂上展现出创新教学方法，还是在学生辅导或学校活动中展现出卓越领导力，教师的优秀表现都值得被赞扬。这种肯定并不只是形式上的奖励，更是一种鼓励，让教师坚信自己的努力没有被忽视。

第二，提供支持和资源。为教师提供所需的支持和资源是确保他们顺利完成工作的重要保障。这种支持并不仅仅限于表面上的帮助，而是为他们创造一个更加富有成效的工作环境。提供培训机会是其中之一，通过持续不断的专业发展培训，教师能够不断拓展自己的知识和技能，跟上教育领域的变革和创新。此外，提供先进的教学工具和技术支持也是至关重要的。这些工具不仅能提升教学效率，还能激发教师的创造力，让他们更富有灵活性地设计课程和教学方式。除此之外，给予技术支持也能让教师更加从容地应对现代化教学环境中的挑战。教师得到充分的支持和资源后可以更专注于教学内容和方法的创新，从而提高学生的学习效果。

第三，设定明确目标和期望。为教师设定清晰的目标和明确的期望是激励他们积极进取的关键。这些目标不仅仅是对他们工作的指引，更是为了激发他们朝着共同的方向努力。教师明确了自己的工作目标，便能更加专注于提高教学质量、促进学生学习成效。目标和期望的设定需要与教师进行充分的沟通和协商，以确保它们既具有挑战性，又是可达成的。这样的设定可以激发教师内在的动力和责任感，让他们在教学中全身心地投入，以追求更高的教育标准。明确的目标还可以为教师提供一个衡量自己工作成效的标准。当他们看到自己朝着目标稳步前进时，会感受到成就感和满足感，这种正面的反馈将进一步激励他们不断努力，并持续改进教学方法和策略。

第四，提供发展机会。提供教师专业发展的机会是为了让他们持续不断地提升教学水平，不断探索和应用最新的教学方法和理念。这种发展机会可以以多种形式出现，如定期举办的培训课程、参与研讨会和专业会议，或是提供创新教学的支持和资源。培训课程能够帮助教师了解最新的教学技术、教学理论和教育政策，让他们不断更新自己的知识体系，并将新知识转化为实际的教学策略。参与研讨会和专业会议则为教师提供了交流和分享的平台，让他们能够从其他同行身上学习，并将各自的经验和见解进行交流和碰撞，进而激发创新思维。除此之外，提供教学创新的空间和支持也是至关重要的。这意味着给予教师尝试新教学方法和策略的自由，同时为他们提供所需的资源和支持。这种支持可以包括教学技术的培训、教学材料的提供以及对教学创新的认可和鼓励。

第五，鼓励创新和自主性。鼓励教师在教学中展现创新和自主性，给予他们足够的自主权和信任，能够激发他们在教学中尝试新方法和策略的勇气。这种自由度不仅仅能够提升教师的责任感和自信心，更能够唤起他们的创造力和热情。教师的创新意味着探索新的教学方式、应用新的技术工具以及设计新的教学内容。这种探索精神会带来新的教学思路和方法，从而为学生提供更具吸引力和启发性的学习体验。同时，教师的创新也会推动教育领域的发展，进而促进教学理念和方法的不断更新。鼓励教师展现创新和自主性也意味着提供支持和认可，让他们知道他们的创新受到欢迎和重视。这种支持可以是提供必要的资源和培训，以鼓励他们在教学实践中尝试新的想法。同时，领导层和同事的肯定和支持也会激发教师更多地投入创新教学中去。

第六，建立良好的工作氛围。建立一个良好的工作氛围是为了让教师在一个积极向上的环境中发展和成长。这种环境应该是鼓励互相学习和分享经验的，让教师能够相互启发、共同成长。在这样的氛围中，教师之间能够建立起合作和支持的关系，互相分享教学经验、优秀实践和教学技巧。这种共享不仅促进了教学方法和策略的不断改进，也增强了团队的凝聚力和合作意识。此外，这种支持性的氛围还能够让教师感到被理解和支持，有助于缓解工作压力，从而增强工作满意度和幸福感。综上所述，建立良好的工作氛围不仅有助于教师个人发展，更能促进整个教育团队的共同进步，为学生提供更优质的教育服务。

第七，反馈和评价。提供及时的反馈和评价是教师成长和进步的关键。这种反馈不仅限于肯定教师出色的表现，更着重于指出他们的优势和改进的空间。良好的反馈不仅能够增强教师的自信，更能够指导他们在教学中作出调整和提升。通过针对教学方法、课程设计以及与学生互动等方面的反馈，教师能够更清晰地了解自己的教学效果。具体的建议和指导能够帮助他们发现自己的潜在问题并加以改进。而积极的鼓励和认可则可以增强教师的动力和热情，让他们更积极地投入教学工作中。

以上原则可以帮助建立一个激励教师的环境，让他们更加投入、积极地参与到教学工作中，并不断提高自己的教育水平。

第二节 教师激励的设计路径

一、教师激励的机制设计

教师激励的机制设计过程就是一个关于如何实施激励的过程，激励机制设计的好坏，直接影响着激励的执行效果。教师激励的机制设计主要包括以下几个方面。

（一）激励目标设计

教师激励目标设计需要遵循以下原则。

第一，稳定性原则。教师的激励目标要具有稳定性，如果使激励目标变化不定，就可能让教师感到无所适从，失去努力和奋斗的方向。频繁变动的激励目标不仅浪费教师的时间和精力，而且容易使教师产生抵触心理。不利于教师对组织向心力的形成。领导者在教师的心目中失去信任，且激励失去作用，以后的组织工作难以继续。

第二，权变原则。制定的教师激励目标要保持一定的灵活性，并建立一个动态的、灵活的激励机制。激励目标能否顺利实施受很多因素的制约，如组织外部的环境条件、组织内部的因素以及被激励对象自身的因素等。组织外部的环境包括政治、经济、文化、社会、法律等宏观环境的影响，也包括同行业组织环境的影响；组织内部的因素包括为实现激励目标提供的学术环境、学术条件以及一些其他因素的影响。除这些内外环境对激励目标的实现起着影响的作用以外，被激励的主体对象对激励目标的期望值、效价的评价及主体自身能力、个性等特征都会对激励目标的实现产生制约作用。因此，学校管理者在确定激励目标时要保持激励方案一定的灵活性，要允许教师根据具体的环境条件对目标进行可能的修正，以期更有效地完成激励任务。

第三，长短结合原则。所谓长短结合就是要将激励的长、中、短期目标有效地结合起来。偏重任何一方都会对学校的发展不利。激励目标的确立要以学校远景目标为依据、为导向，勾画出学校自身发展的光明前景，让广大教师看到自身发展的机会和空间，以及自身价值实现的可能性，激励教师为满足自己的成就欲而努力工作；同时，激励目标的确定也要适当地规划一些近期目标，这样会对激励主体起更大的激励作用。如果长、短期目标配置失调，要么会使教师目标实现的困难太大，实现的期限过长而产生消极、懈怠的心理；要么使教师觉得学校组织的发展前景黯淡而造成人才的流失。所以，激励目标的设置必须进行中、长期目标和短期目标的有效结合，永远保持组织目标对教师的吸引力，从而促进教师能动性和创造力的发挥。

第四，公私结合原则。公私结合就是要将组织目标这一公共目标同个人追求这一私人目标有机结合起来。满足需要是制定激励方案和目标的起点，西方经典激励理论也都是以分析人的需要为切入点的。人都是有个人追求和需要的，激励目标需要靠教师的遵循和追求来实现。如果组织目标不能很好地满足、吸引和约束个人目标，那么组织目标将是毫无意义的。

第五，恰当原则。恰当原则主要包括两个方面的内容：一方面，激励目标必须是要经过努力才能完成的，而且必须是具有挑战性的目标；另一方面，目标制定既不能过高，也不能过低，目标过高或过低，都不利于激励目标的完成。

（二）激励方案设计

第一，民主原则。管理者在制定激励方案时，要多听教师的意见和心声，真正弄明白教师需要怎样的激励，才能制定符合实际需要的激励方案。为此，学校管理者在制定激励方案时可以让教师参与到方案的制定过程中来，以及通过加强教师间的沟通等方法，充分体现社会主义学校管理的民主性原则，同时有助于教师对制定的激励方案的认可。

第二，认可原则。如果组织制定的激励方案不能得到广大教师的认可和接受，那么无论教师在教学和科研方面有多大的潜力、表现有多么的出色，他也不会努力工作和奋斗，并且激励是不会取得任何成效的。

第三，系统原则。激励作为一种极为复杂的心理和行为现象，不仅直接决定于教师的需要内容、动机强度、目标期望、公平心理等多种激励机制的作用，而且受到教师个性差异、文化背景、学校组织环境等因素的影响和制约。因此，激励方案要考虑到激励的系统性原则，使激励策略优化组合，在空间上相辅相成，在时间上相互衔接，从而形成综合激励的格局及积极性的良性循环。人的积极性运动机制的复杂性，影响因素的众多和交叉性，决定了激励必须采用综合系统的激励方式。所谓综合系统的激励方式就是根据各个影响因素的相互联系、相互制约的特点及系统理论，使若干项激励措施同步配套实施。

第四，公平原则。激励是否公平会极大地影响教师的工作绩效和工作积极性。在制定激励方案时，要充分地考虑到公平的原则。具体而言要做到“三个公平”，即外部公平、内部公平和自我公平。所谓外部公平是指学校实施的激励措施与其他学校来比较是否公平合理。因为其他所有学校的激励水平代表着市场水平，是由价值规律起调节作用的激励水平。如果学校不考虑外部公平，那么就很难留住人才，要做到外部公平，首先要做行业调查，然后制定激励措施。而内部公平反映的是在学校内部教师与教师之间的比较上是不是合理的。内部公平的问题影响到教师对待教学与科研的工作态度，并影响教师之间的合作以及教师对学校组织的忠诚。自我公平就是教师自己将自身的绩效与激励力度所进行的一种纵向比较，看激励力度是否与其所作的贡献大小相适应。自我公平的问题对教师的积极性也有很大的影响。

第五，激励原则。激励方案一定要体现激励的原则。激励的目的就是要激励教师，调动其工作的动机，从而提高教学、科研的水平。如果所制定的激励方案缺乏足够的激励性，那么就是一个失败的方案。

第六，可操作原则。激励方案中所规定的激励措施应是具有可操作性的。方案制定者应充分考虑、分析方案在实际实施过程中可能遇到的阻力，可能受怎样的因素影响，并且在现实条件下是否具备实施的可能性等问题，要确保所制定的方案在实际操作中能够顺利实施。

（三）激励系统设计

从人力资源管理的角度，对教师的激励不能仅体现在狭义的激励与薪酬体系这一阶段，而应体现在从组织战略开始一直到人力资源管理支持体系全过程上；组织面临环境的复杂多变性导致组织战略及相应的人力资源管理体制与制度也随之发生变化，这就要求教师的激励系统应具有动态性。传统的人事管理把人当成被动的客体，以完成组织任务为中心，以教师工作目的纯粹追求经济利益和行为素质低下的“经济人①”和“X 理论②”的人性假设理论及高度集权的管理体制为基础，并把激励体系设计局限在 HRM 职能系统中的激励与薪酬管理环节，并且这一环节上也是管理者想当然、没有让教师参与和真正理解员工内心需要的外在激励。

在教师 HRM 系统中，教师有条件、有能力、有意愿参与从组织战略到 HRM 支持体系的全过程，这种过程激励才是符合教师特征的真正激励。有条件是指在信息社会里，员工可以与管理者同步掌握与组织经营相关的外界和内部信息；有能力指教师具有对其承担的工作负责的能力；有意愿指教师具有追求参与组织决策、工作自主性和独立性等要求。例如，改变过去由管理者单独制订人力资源规划和进行工作设计与分析的状况，让教师参与其中，并让其参与制订与岗位相关的资格要求和职责，这能使工作本身成为内在激

① 经济人就是以完全追求物质利益为目的而进行经济活动的主体，人都希望以尽可能少的付出，获得最大限度的收获，并为此可不择手段。

② X 理论认为人性好逸恶劳，主张采取命令、强制的管理方式。

励因素；让从事相似工作且有经验的教师作出相应决策，从而能产生一个以合作、平等为基础的自我管理团队；让员工自己从自身兴趣、特长、职业价值观及学校目标要求出发，制订其自身培训与发展计划，并进行其职业生涯设计与管理，能使培训与开发产生更好效益且满足教师追求自身进步、终身学习、实现自我价值的需求；从全方位角度尤其从同事、自身而不仅从上级管理者角度来进行业绩考核，能减少教师对绩效考核的抵触情绪，从而通过考核达到完善自我、促使教师业绩提升与学校发展的目的等。

二、教师激励的设计原则

管理心理学认为，激励是激发鼓励，以调动人的积极性、主动性和创造性，激发人的动机，使之产生指向需要目标的动力的心理过程。而激励机制是指一个组织为了某种激励目的所采取的体系和制度。激励是教师管理的核心。人力资源管理学提出从“以物为本”向“以人为本”的价值观转向，反映了教师作为一个特殊群体已成为学校办学的主体，是实现教育目标的主导力量。然而，高水平师资的缺乏却不是一朝一夕能够解决的，这就向教师管理工作提出了更高的要求。如何充分调动现有教师的内在动力因素，使教师成为实现目标的主导力量落实在工作的各个环节。调整年龄结构、职称结构、学历结构，从而提高师资队伍的科技水平、创新能力以及为人师表的自觉性，是教师管理中的一项重要内容。教师激励的设计原则如下。

第一，物质利益与精神鼓励相结合的原则。关心人们的物质利益是历史唯物主义的基本原则，人们创造财富的目的就是满足日益增长的物质文化需要。人们在生活、工作中，不仅追求物质生活的富足，而且要追求精神生活的丰富、充实和满足。双因素理论认为有两种因素影响人的行为动机：一个是外部因素或称保健因素；另一个是内部因素或称激励因素。保健因素的满足只能消除职工的不满，不能起到激励作用。激励因素，即工作富有成就感、领导重视、工作上的责任感等，这种因素对人们的行为动机有很大的作用，能直接激励人的积极性。特别是教师这一高知识阶层，他们更注重名誉和精神上的满足，精神鼓励也是我们多年来行之有效的重要方法。

第二，适度性原则。奖励要与贡献相适应，眼前利益要与长远利益相适应。把握好需要的尺度，不能脱离实际。激励太多，不加努力即获得，产生不了内动力；激励太少，努力无望也产生不了积极性。在利益驱动上，既要保证当前利益又要兼顾长远利益，才能保持人们当前的积极性，又能对未来充满希望，产生动力。

第三，时效性原则。奖励时机直接影响激励效果。时效性原则，一是注意激励的时间性，在一个合意行为发生后就应立即给予强化，“强化”和“合意行为”之间的间隔越短，强化效果就越好；二是注意奖励频率，奖励频率过高或过低，都会削弱激励效果。奖励的时机和奖励频率的选择，要从实际出发，一般情况下，对于十分复杂、难度较大的任务，奖励频率宜低；对于比较简单、容易完成的任务，奖励频率应高一些；对于目标任务不明确、需长期方可见效的工作，奖励频率宜低；对于目标任务明确、短期可见成果的工作，奖励频率应高一些；在劳动条件和人事环境较差、工作满意度不高的单位，奖励频率应高一些；在劳动条件和人事环境较好、工作满意度较高的单位，奖励频率应低一些。

第四，公平性原则。公平性原则也是激励工作的一条重要原则，当个人认为自己的待遇不公平时，内心产生不公平感，就会表现出不满情绪和消极行为。这就要求在给予分配和奖励过程中尽量把握公平性。每位职工都是用主观的判断来看待是否公平的，他们既关注奖励的绝对值，又关注奖励的相对值，在比较中理解是否公平。

三、教师激励的设计方法

（一）提高奖酬对教师价值

工作和奖酬对个人的价值越大，其吸引力就越大，这时激励教师积极性的作用就越大。一方面，需要提高内在奖酬的吸引力，如通过工作本身来满足教师自我实现的需要或其他较高层次的成长需要；另一方面，需要提高外在奖酬，如工资、提升等由学校控制的奖酬的吸引力，以增加教师的满意度。因而，一方面要做好宣传工作，提高广大教师对所从事工作价值的认识程度，感到自己是在做一件对国家和社会有积极影响的工作，激发他们对本职工作的热爱；另一方面，根据需要的多层次性和多样性的特点，奖酬也应多样化，并因人而异。教师作为一个特殊群体，对于他们的具体需求更应从奖酬内容、奖酬制度等多方面来考虑。在现阶段，对教师而言，物质需要和精神需要同样重要，二者均需满足，在具体实践中可采取物质激励与精神激励同步进行的手段，对教师所作出的努力与成绩，要及时予以表扬和肯定；同时，学校应为教师发展提供更广阔的空间，全力满足不同教师的不同层次发展需要。

（二）激发教师期望心理

激发教师期望心理可采取目标激励法。所谓目标激励，是运用激励目标来刺激人的需要、激发人的动机、诱导人的行为，使其发挥内在潜力，从而为实现所追求的目标而努力的过程。设定恰当而具有挑战性的目标能够产生强烈的激励作用。目标的设定应遵循以下原则：一是挑战性原则，即目标要有一定的难度；二是可及性原则，经过努力是可以达到的；三是客观性原则，目标可以用数量质量指标表示，以便考评和检验；四是民主性原则，经过民主制定目标，容易被人们理解和接受，变成自觉行动；五是个人目标与学校目标相一致的原则，个人目标与学校目标相一致是目标激励的最终目的。

学校要提高科研水平、提高教学质量，并调整师资队伍结构，那么在评定职称、进修、考核等教师需要的热点问题上，就要恰当地提出对个人科研水平、教学质量以及学历的要求，以此作为个人的奋斗目标，从而实现学校总体目标。针对不同教师的需要，采取不同的目标激励，将会极大地调动他们的工作积极性。如对新执教的教师，应在满足他们基本物质需要的前提下，帮助他们端正工作态度，设立教书育人、提高学术水平、争取多出科研成果的工作目标；对已晋升高级职称的教师，强化其学术成果的考核，同时做出质与量的界定，鼓励他们向更高目标——博导、院士、诺贝尔奖冲刺。

（三）提高教师期望值

提高教师期望值可以采取以下措施。第一，提高完成任务、达成一定绩效的期望值。一方面，学校每年可有计划地选送一批安心于本职工作、立志于教育事业的优秀青年教师进修、培训、攻读学位，以此提高他们完成教学、科研创新的能力，增强自信心；另一方面，注意尽可能地给教师创造良好的工作条件、自然环境等，为教师顺利完成工作任务扫除障碍。第二，提高从绩效到奖酬的期望值。被指派任务的教师也许会问："如果我工作卖力，学校会给我加奖金、会给我晋升机会吗？"如果他相信良好的绩效确实可以带来诸如加薪、晋升等好处的话，就会付出努力。因此，要提高期望值，关键是严格履行按绩给酬的原则，绩效评定要客观，尽量剔除主观因素，而且各项奖酬制度务必兑现，做到言而有信、行而必果。

（四）提高教师公平感

人们生活在社会中，总是在与别人进行比较并在社会比较中产生公平与不公平感，教师也不例外。教师能否得到激励，不仅取决于他们所得到的报酬的绝对数量，而且取决于他们认为自己所得的报酬与别人所得的报酬是否公平。因此，学校管理者在对教师管理中应特别注意坚持公平原则。首先，要有公平客观的评价标准。学校管理者要避免教师评价不公平现象及其引发的负面效应，在评价中首先要按标准行事。教师评价的公平与否取决于评价体系是否科学，其中最主要的又莫过于评价标准是否客观与全面。领导者不能凭主观制定评价标准，应在事先进行周密的思考，不能把评价当作一种选拔的工具，造成攀比的行为。其次，要保证评价过程的科学性。评价标准的合理、评价过程的科学以及评价结果的及时公开是不可缺少的，这样才能保证公平的竞争和产生巨大的激励功能。最后，待遇与成绩相关，奖罚要公平合理。管理者可引入干部聘用竞争上岗、教师职务聘任制、专业技术职务阶段确认制度及分配制度上的绩效浮动工资等竞争机制，使教师在公平竞争中求生存和发展，从而激励其奋发进取；在处理工作任务的分配、总结评比、工资调整、奖励和晋升等实际问题时，应做到公平合理。同时坚持按劳付酬、多劳多得的分配原则。

（五）让教师参与决策

教师参与决策是发扬民主、参加决策、发表意见、满足人们受尊重和信任的需要。同时，增进领导和教师之间的了解，并创造出一种相互信任的心理氛围，教师会产生满足感、归属感。教师参与决策，是学校管理决策正确、合理的必要条件，同时正确合理的决策本身就是一个激励源。现代管理心理学的调查表明，在一个团体中，通过民主的方法讨论决定问题，总比少数人无视团体的存在，独断专行地作出决定，能更多地获得该团体成员的关心和支持。教师参与决策，证明他们不仅是执行学校任务的工具，而且可以是影响学校全局的主人，从而更能激发他们的工作热情。参与的方法有：一是教代会形式，参与学校大政方针的制定；二是征求意见制，在学校重要问题作出决策前，广泛听取教师意见；三是直接对话，在对话中释疑、沟通；四是成立教师委员会，参与学校管理。让教师真正参与学校管理，并参与重大决策，充分利用教师这个独有的智力资源，体现教师在学校事务中的主人翁地位，不仅有利于决策的正确性、科学性，而且使教师感到学校的利益和本人的事业成功息息相关，同时更有利于调动教师的积极性，使教师的潜能得到充分发挥。

第三节 教师评价的主体与模式

教师评价是对教师活动进行描述和价值判断的过程。教师评价的任务是对包括教师活动中抽象存在物和非抽象存在物等评价对象作出价值判断，并为教育决策提供依据。教师评价是以教师行为为目标，从行为的角度对教师在教育活动中的行为进行判断、分析和比较。对教师进行评价的目的在于方便决策，并为今后能提供更优质的教育服务、同时发挥在教育实践和教育理论中的导向作用。教师评价对象是教师活动中抽象存在物和非抽象存在物。广义的教师评价是对教师职业的社会价值进行判断和描述的过程；狭义的教师评价是对个体教师在从事教师活动中所产生的社会价值的判断和描述过程。

教师评价与日常学校生活教师考核是有区别的。教师考核是教师评价中对教师某项活动采用的形式。对教师的德、能、绩、勤、职的评估，是我们现今在教师考核中通常考虑的因素，但仅有这些是不够的。教师评价的基础理论有伦理学、社会学、心理学、教育学、人类学、经济学、管理学、管理心理学、教育哲学等相关理论研究成果。通俗地讲，教师评价内容包括了教师工作成绩、教师个人行为、个人品质等。教师评价同教学评价、工作评价有着本质的不同。因为教师评价是对人的评价，人的复杂性与多变性使得教师评价在实际应用中绝对不能简单划一、简单量化，采用纯数据的统计和测量手段。

教师评价具有以下特点。第一，教师评价是一个活动过程，它是一种特殊的且连续的活动，其中包括一系列的步骤和方法。第二，教师评价是有目的、有计划的活动过程。它和日常生活中的价值判断不同，它是按照一定的计划和目的进行的一种系统地收集资料的过程，系统性是其重要特点。整个过程由确定目标、收集资料、分析资料、形成判断、指导行动等项组成。第三，教师评价的根本目标在于形成价值判断，进而作出选择。在教师评价的整个活动中注重对资料的解释，也就是说不仅收集资料，更重要的是对资料作出解释、分析；教师评价不仅是对教师活动情境的描述更应是一种价值的判断。第四，教师评价活动中评价者与被评价者是统一的。在教育评价活动中，评价者与被评价者不是相互对立的两部分，而是协作活动的统一体，在很多时候被评价者就是评价者本身，因而不能把评价者与被评价者分成截然对立的两个部分。

一、教师评价的主体

（一）教育行政部门参评

教育行政部门依法对教育人力资源进行管理，其中最重要的一项工作是对教师的管理。各级教育行政部门主管本行政区域内的教师工作，依照法律、法规负责本行政区内的教师管理工作。教育行政部门负责制定教师评价标准，由学校和专门的教育机构对教师的政治思想、业务水平、工作态度和工作成绩进行定期考核。具体的考核办法由各级教育行政部门依据教师法和当地的实际决定。中等以下各级各类学校教师考核办法，由上一级教育行政部门制定并组织实施，学校负责考核。教育行政部门对考核工作进行指导、监督。教师考核结果记入本人业务档案，作为聘任教师、晋升职务和工资、实施奖惩的重要依据。

教育行政部门对教师的考核工作进行指导和监督，学校管理层和教师是由教育行政部门组织的自上而下的教师考核的操作主体。自上而下的教师评价要以过程性评价为主，即以价值判断为主。教育行政部门对教师评价标准要本着促进教师发展的原则，不断完善与修改。学校、教师参与教师评价要克服官本位思想，做到教师评价的公正、公平、公开，提高教师评价的信度与效度。

（二）学生参评

学生参评为学生提供了与教师双向直接交流的平台。学生参评主要体现在学生对教师教学的评价。对于学生来讲，学生是教育产品的直接消费者和教学成果的直接感受者。学生是教学过程的主体，学生直接承受着教师教学效能因素的影响。学生评价不同于专家和同行评课，学生实际上是教师教学质量的系统评价和“全程监控”的最有发言权的评价者。这是因为教师是独立性强、专业化程度较高和学科门类复杂的职业，简单的书面合同或规章制度很难承担监督教师的全部教学活动任务。对教师常态化教学需要学生提供的完整信息。学生参评的作用体现在以下几个方面。

第一，学生参评有助于进一步加强师生之间的互动教学。从教师这方面来考虑，教师通过学生评教，可以找出差距，从而不断提高教学质量。学生评价教学可以改进教学、为判断教学效果提供依据，并帮助学生选择课程和教师，进而促使学生对他们的教学活动进行思考。

第二，学生参评直接架起了教与学双方沟通的桥梁，减少了教学反馈的烦琐环节，同时提高了管理效率；也有助于教学管理部门更全面地了解教师的教学质量与水平，促使教学管理部门寻求有效的方法对教学进行控制，强化教学工作，突出教学在学校各项工作中的中心地位。

第三，学生参评结果是教师人力资源管理中的一项重要依据。学生评价工作开展的初衷，是探索建立一种有效的常规教学质量监控手段，以不断促进教学质量的提高。学生评价的根本目的并非评优劣，而是收集教学信息，提高教学质量，以达到“以评促建，评建结合”的目的。学生的客观性的评价能够促进教师教学质量的提高，并且有利于教师的职业成长。

学生参评首先必须处理好学生评价的信度和效度问题；其次是学生评价结果的处理，如果学生参评结果流于形式，就可能导致师生对学生评价工作丧失信心。

（三）家长参评

从经济学的角度而言，家长是教育投资方，所以家长方有权了解教育进程，可以作为教育质量高低的监督者。家长参评是间接地把学生的意见反馈给教师的有效手段。家长参评可以促进学校工作，提高教师的师德水平和敬业精神；拉近学校和社会、教师和家长的关系；提高课堂教学质量；改变学校领导、教师自我欣赏、自我封闭的局面。家长参评的前提是摆正家长与教师的关系，学校和家长要同时树立正确的教育观念。教育是全方位的系统工程，校内、校外本来就没有疆界。教育评价的核心是学生质量的评价，所以家长与学校的教育目标是一致的，都是促进学生的发展。

学校定期开展的家长会应该是学校与家庭互通有无、交流沟通的平台。教师与家长的地位是平等的。家长会上的意见交流是开诚布公的，而不是学生的批评会。除此之外，家长参评的方式还有家长通知书、家长接待日。家长参评的内容可以是教师的教学也可以是教师的师德风范。家长参评同样要注意评价的信度与效度，以及客观性与公正性的问题。

（四）教师自评

教师自评是指教师按照评价原则，对照评价标准，对自己的工作表现主动作出价值判断的活动与过程。教师自评的意义包括如下：一是鼓励教师积极主动进入评价角色，增强教师的主人翁意识；二是增加教师评价结果的效度与信度；三是教师的自我评价过程其实是教师自我反思、自我教育、激发内在动因的过程和自我提高的过程。

教师自评可以采取口头形式或书面形式，评价的内容主要应侧重于工作。教师自评的标准指标体系不应涉及个人隐私及生活问题。为了使评价效果最大化，务必在评价中使教师在自评中尽可能做到开诚布公，毫无保留。对于教师自评的结果也应本着指导性与发展性的原则，公平、公正地处理。自我评价的内容可以包括："您认为在工作中，您不满意哪几个方面？您认为在工作中，您最满意哪几个方面？您在工作中遇到过的最大困难是什么？在过去一两年里，您采取何种措施来提高您的专业水准和获得工作经验？在未来一年里，或者从长远来看，您希望用何种方法来提高您的专业水准和增加您的工作经验？"

二、教师评价的模式

（一）教师评价的实证模式

1. 教师行为目标评价模式

行为目标评价模式的理论基础是行为主义心理学，所谓行为目标评价法就是采用可观测的行为目标作为评价依据的一种评价方法。行为目标的表达方式应注意两点：第一，设置可观察行为的场合；第二，行为目标具备连续性。其提倡者认为：传统的教育评价的目标（或标准）是含混不清的，人们只是根据主观的期望和想象制定目标，并不考虑这些目标在指导行为和评价实施过程中的具体作用。传统的教师评价把教师的评价问题几乎等同于所授学生学业成绩的高低。例如，评价教师的教学工作态度认真与否，就带有极大的主观性和模糊性。定性地描述“教得认真”或是“教得不认真”都不是全面的。因此，难以进行科学的评价。所以就有必要把它明确地表述出来，把可观测的行为转化为成就目标，并且来代替抽象的目标。例如，可以转换成具体的一系列行为术语：“教师工作态度表现在哪几个方面？每个方面达到的数量最低下限是多少？”教师行为目标评价法的实质在于评价内容的具体化以及标准的客观化。如果把行为目标评价法结合评语法使用，就更可改善一般评语描述的概念化、单一化。

2. 教师操作主义评价模式

操作主义来源于物理学，在实践上难以摆脱形而上学的特征。操作主义侧重工具、产品质量和科学技术。人的能力首先被看作掌握技术的水平，其次才是人在社会中的地位。操作主义以经验、实用为基础，轻视理论的系统化，而重视实验操作的客观效果，重视数字工具，把操作过程看作人的智力竞赛过程。操作主义讲究速度和效率，思维正确的标准是商业利润的最大化。受操作主义摆布的人极度缺乏安全感、归属感。操作主义评价模式运用到教育领域内，教育评价的对象是人，人具有复杂性、多变性、发展性。教师评价不能过于注重工具性、操作性，如用教师批改作业量的次数来评价教师敬业与否。作业批改的次数越多的教师，似乎工作态度就越认真、越敬业。作为教师达到规定数目的次数并不是一件难事。批改的质量是个模糊的概念，各科各专业不同，所以批改的方式各异。在使用操作性评价的时候，应该考虑评价的标准是不能整齐划一的，并应加一些人文的东西。

（二）教师评价的人文模式

1. 教师主体性评价模式

主体性评价是能尊重多元价值取向，有被评价者广泛参与，以实施自我教育的核心，促进主体性发展为目标的评价活动。一个科学、完整的主体性评价模式，包括四大要素：①思想基础——主体性教育理论；②功能目标——促进被评价者的主体性发展；③结构程序——对评价活动的过程和步骤，按主体性要求进行优化组织和最终设计；④操作要领——对评价活动的具体操作实施作说明。主体性评价模式需坚持“四性”原则。①坚持开放性原则。

评价标准不是预定的，而是在评价过程中不断完善的。②全面性原则。主体性不是指个别局部人，不应只突出某一主体而忽视另一主体的作用。③形成性原则。评价侧重于形成性评价，评价的对象是动向的教育活动。评价是为教育决策服务的。④教育性原则。将评价与日常教育教学和教育管理结合起来，使评价过程成为被评价者自我认识、自我设计、自我改造、自我完善的教育过程。

2. 教师团体性评价模式

团体性评价是团队建设中不可分割的一部分，团队文化是企业在长期经营活动中形成的共同理想、信念、价值观、行为准则和道德规范的总和。在学校经营中，需要建立一支具有强烈团队意识的教师团体。团队是一个具有强烈生命力的有机体，团队中的每位成员都是团队的一个组织细胞。团队的生存、发展和荣誉是团队每一位成员应尽的责任与义务。

团队精神是奉献精神、实干精神、协作精神；团队精神的基础是挥洒个性与特长；团队精神的核心是协同合作；团队精神的最高境界是团队凝聚力。教师团体性评价是对团队成员是否具备团队精神进行的价值判断过程。团体性评价特征包括以下几点。一是个体目标与组织目标的一致性。判断个体价值观与组织价值观在多大程度上趋近。二是强调个体的协作精神。协作精神的实质是个体之间的相互合作、沟通、交流。在教师评价中引入团体性评价方式，有利于教育成果的质量的提高。

3. 教师发展性评价模式

发展性评价是形成性评价的深化和发展，形成性评价强调工作的改进，而发展性评价强调评价对象人格的尊严。人的发展。发展性评价主要指发展性教师评价和发展性学生评价。发展性评价以人为本，侧重于激发人的内在情感、意志和态度，强调促进人的完美发展。素质教育尊重人的生命，其终极目标在于教育个体对象的个性化全面发展。因而，发展性评价是配合素质教育的良好的评价方式。

发展性评价强调评价主体多元化，主张使更多的人成为评价主体，特别是使评价对象成为评价主体，并且重视评价对象自我反馈、自我调控、自我完善、自我提高的作用。发展性评价更加强调个性化和差异性评价。发展性评价要求评价指标和标准多元性、开放性和差异性，对信息的收集的多样性、全面性和丰富性，对评价对象的价值判断关注评价对象的差异性，一切以有利于评价对象个性的发展为目标。发展性教师评价的主要特征包括：①学校领导注重教师的未来发展；②强调教师评价的真实性和准确性；③注重教师的个人价值、伦理价值和专业价值；④实施同事之间的教师评价；⑤有评价者和教师配对，促进教师的未来发展；⑥发挥全体教师的积极性；⑦提高全体教师参与意识；⑧扩大交流渠道；⑨制订评价者和教师认可的评价计划；⑩注重长期的目标。这些特征体现了对教师的人文关怀和对教师发展的长远考虑。

发展性教师评价的原则包括：①全员评价和全面评价的原则；②评价者和评价对象共同发展的原则；③保密性原则；④民主化原则，评价在民主、平等、和谐中进行；⑤定性和定量相结合原则；⑥鼓励为主的原则。发展性评价兼顾评价指标的量化和人文指标因素的同时作用。发展性评价强调用定性评价去统整和取代定量评价。目前所推行的等级加鼓励性评语的评价方法就是定性统整定量的范例。

4. 教师校本评价的模式

校本发展是一种重视学校自身力量和学校自身发展的教育理念，校本评价的立足点是学校的发展。教师校本评价就是教师评价以学校为本，立足于学校的长期发展，评价标准的设立和指标体系的确定都应立足于学校自身条件。各个学校的条件不一致，所以评价标准和体系就不能整齐划一。例如，经济不发达地区、网络技术应用不足的地区就不能把教师制作课件的数量作为教师评价项目中的一项。教育发展程度不同步的地区就不能用同一套评价体系。

教师校本评价的原则包括如下几个。一是差异性原则。校本评价允许不同学校根据各个学校所处地的具体情况制定不同的评价体系，校本评价不否认、不规避校际间差异性。二是以学校的发展为核心。以往学校普遍存在着片面追求对教师学历考核要求，结果导致了教师通过各种形式得到提高之后，往往另谋高就。学校由此导致的师资力量不足的损失只能由学校自己承担。因此，在评价教师时，坚持以学校为本，从而保障学校教师队伍的稳定。

第四节 教师评价的程序与指标

一、教师评价的程序

“教师评价是对教师活动进行描述和价值判断的过程”①，教师评价的程序跟其他教育评价的程序是一致的。简而言之，依据评价目的制定评价标准，评价实施，即明确评价目的、确定评价者、制定评价指标体系、确定评价方式、评价过程的实施。

第一，确定评价目的。评价的直接目的有哪些，是任何一次教师评价工作在其开展之前都必须先回答的问题。例如，一次特定的发展性教师评价，其主要目的是对教师工作的现状作出评价，并找出教师工作中存在的问题，根据评价所获信息，及时改进教师工作，调整教师发展计划。又比如一次教师终结性评价目的通过对教师工作的条件、过程和结果进行评价，为学校调整发展目标服务。不同的评价目的决定今后评价的组织的选用、评价内容的确立及评价方法的采用。

第二，确定评价者。对于绝大多数教师而言，知道谁将担任自己的评价者是非常重要的。评价一位教师的工作表现需要具备专门评价知识的人来担任评价者，一个可以信赖的评价者必须公正、坦率且始终如一，以及掌握娴熟的评价技能。

第三，制定评价指标体系。对教师作全面的评价，还是作某一侧面的评价？是评这些因素，还是评那些因素的问题？这些问题不解决，教师评价就无法进行。制定评价指标体系必须分清主次、侧重有序，并且把握住主要矛盾。

第四，确定评价方式。评价的方式方法问题，主要包括如何收集和处理信息的方法、评价结果的反馈方法、评价活动的组织方法、选择评价时机的方法等。

---

① 余彬，蒋兴旺，姜红．教育评价学 [M]．成都：成都时代出版社，2019：112.

第五，评价过程的实施。评价过程的实施包括评价数据的采集、评价数据的处理、评价结果的反馈。整个教师评价都要控制影响评价信度与效度的主观因素，尽可能做到公正、公平、公开。例如，发展性教师评价的一般步骤为：评价的准备、评价的实施、评价结果的处理、评价结果的反馈。评价的准备包括组织准备和方案准备；评价的实施包括初次面谈、收集信息、评价面谈、复查面谈；评价结果的处理包括处理收集到的评价信息、作出价值判断、确定发展目标；评价结果的反馈包括写出评价报告、反馈评价信息、建立评价档案。例如，学生评教的程序。前期准备阶段：评价指标的确定，评价机构的确立，评价问卷的印制，评价对象的选择，评价时间的选择等。实施过程：通知被评价教师，组织问卷填写，回收调查问卷等。结果分析与反馈过程：调查问卷文字整理，相关数据的统计分析，编写评价报告，反馈评价结果等。

二、教师评价的指标

教师评价的指标体系可以由三部分构成：素质评价指标（反映教师基本素质的指标）、职责评价指标（反映教师工作状况的指标）和绩效评价指标（反映教师的工作成效）。其中素质评价指标是教师实施教育教学的基础，职责评价指标是教师实施教育教学的关键，绩效评价指标是教师实施教育教学的最终目标。

教师素质指标包括如下几点。①思想道德素质：对教育事业的责任感；对本职工作的事业心；敬业爱岗；热爱学生；为人师表。②文化理论素质：现代教育观念（学生主体观念、全面素质的教育质量观念、教会学生学习的观念、全面贯彻教育方针的观念、培养学生创新精神的观念、竞争与合作的观念、质量与效益的观念、培养学生实践能力的观念）。③文化科学素质：相关学科知识、学科专业知识、实践经验知识、教育心理学知识。④教学能力素质：规划设计能力、组织管理能力、动手操作能力、表达能力、诊断评价能力、理解交往能力、教研科研能力；专业发展：技能与知识、潜能、培训的需求、期望。⑤身体心理素质：广泛的兴趣爱好；热情诚恳；自尊自信自爱自强；自我调控能力；坚强意志品质；民主平等合作精神；期望与理想；忍耐与坚持。

教师职责指标包括如下几点。①育人管理职责：围绕办学目的和办学思想开展的工作；学生的思想道德关怀；满足学生获得尊重、信任、公正待遇的需求；满足学生获得帮助的需求。②教学科研职责：学习环境的组织气氛、教室布置、教学资料的利用。③教学工作：教学准备与教学规划、教学方式与教学任务的适应性、教学方式与学生需求的适应性、教学任务与学生学术的适应性、循序渐进与连续性、学业评定与进步的监控、纪律。④教科研工作：研究与教学的适应性、研究与学校发展的适应性、研究与自身发展的适应性。⑤协同工作职责：协调各种工作关系（教师与学生的关系、教师与教师的关系、教师与家长的关系、教师与其他部门的关系、教师与校外机构的关系）。⑥行政工作：参与教研组工作、参与年级组工作、参与学校工作、参与其他工作。

教师绩效指标包括如下。①育人管理成效：学科教学渗透德育有实效；所带班级班风、学生品德好；全体学生获得了尊重、信任、公正的待遇；满足了全体学生获得发展的需要。②教学科研成效：教学氛围好；教学资料得到充分合理地开发和利用；教学准备充分；教学任务适当；教学方式方法恰当；学业成绩评定科学；遵守教学纪律；教学科研成绩显著。③协同工作职责：教学关系融洽；工作关系协调；参与教研组、年级组、学校等组织的相关工作。

第六章 师资队伍人才培养的建设研究

第一节 师资队伍人才建设规划

一、师资队伍人才建设的一般要求

第一，数量适当。与学校办学规模相适应，专业门类相协调，学校应该使教师队伍在数量上保持充足适当，必须满足师生比的基本要求。充足的教师数量不仅有利于提供更个性化、高质量的教学，也能够支持学校的多样化发展。

第二，素质精良。素质精良是一个内涵丰富的概念，作为教师其主要任务是育人，因此，首先教师必须具有良好的师德师风、良好的道德素质，从某种意义上说这是最为重要的；其次，不同类型的学校对教师也有不同的素质要求，教师应该具有较高的文化层次，接受过高等教育是最基本的要求，接受过研究生教育乃至博士教育也应该是重要的导向，尤其是博士，应该是目标追求；除此之外，教师应该有作为教师的基本素质，如语言表达能力、形象、品质、风度和人格影响力等。

第三，结构合理。学校教育不同于培训机构，它要培养相应学历层次的人才，因此，必须实现知识、能力、素质的有机统一。而要达到这一目标和要求，其人才培养方案本身就有丰富的内容和合理的结构，如思想道德修养课、法律法规教育课、体育艺术课，不同专业的专业课程、专业基础性课程等，共同构成了教师队伍建设，不仅有总量要求、素质要求，而且应该有结构要求，并且要以合理的结构来支持和完善数量与素质的要求。

二、师资队伍人才建设的素质要求

教师的个体素质是师资队伍人才建设的基础，教师的良好素养和水平，决定了高水平教师队伍的形成。教师素质要求至少包括以下几个方面。

第一，强调三种经历。一名优秀的教师必须具有三个方面的经历：一是高等教育的学历，如果能够有硕士乃至博士的学历则更好；二是企业经历，不仅要了解行业企业的情况，有行业企业从事具体工作的经历，而且应该把了解行业企业，在行业企业挂职实践成为制度；三是育人履历，这是教师对教书育人职责的要求，是要求教师有丰富的育人工作的经验和经历。

第二，注重三项能力。一名优秀的教师至少具备三个方面的能力：一是教学和指导实践的能力，不仅能教好一门或者二门课，而且要有指导学生具体做的实践能力；二是育人和指导职业生涯规划的能力，真正能做到教书育人，做学生的知心朋友，指导学生科学规划人生，实现人生科学和谐发展；三是科研和社会服务能力，教师必须充分利用自身优势，积极开展科学研究和社会工作，为行业企业、政府决策，为社会进步、企业发展作贡献。

第三，推进三方融入。要实现教师的成长和发展，必须积极创造条件，即为教师成长和为社会贡献创造条件。一是融入政府部门，提高服务决策能力。在学校办学过程中，必须以政府为主导，因此，了解政府的需求，研究政府的动向，必须为教师所关注。二是融入行业企业，提高服务社会的能力。教育发展必须以行业为依托，了解行业，服务企业，以行业发展为指导，应该成为教育发展的主旋律，作为学校干部和教师，应该切实把融入行业企业作为重点。三是融入科研院所，提高学术服务能力。必须在加强职教性建设的同时，着力高教性建设，以提升科研能力和水平，进而更好地为社会服务。

三、师资队伍人才建设的规划策略

第一，政府重视。所谓政府重视，就是政府必须将建设一支高素质的教育教师队伍纳入政府议事日程，并推出相应的措施予以支持，如实施学历提升计划、国际化能力提升计划等。这类计划必须在学校重视的同时，得到政府部门的重视才得以有效进行，只有财政、教育、人事乃至党委组织部门将教师培养纳入规划，并有积极行动，才有利于切实提高教师队伍的水平。

第二，工程推动。政府重视的直接措施至少有三个方面：一是专项投入；二是专项考核；三是工程推动。专项投入、专项考核和工程推动三者相互结合，成效显著。采用工程推动的办法，以 ×× 人才工程、×× 人才项目的办法，辅之以专门的财政投入和专项考核，一定会产生积极的效果。师资队伍人才建设的关键是参照这些机制，开展有针对性的工程推动方法来解决高层次教育师资问题。

第三，科学定编。解决师资队伍人才建设问题，不仅有素质提升问题，还有结构优化问题、总量控制问题。结构问题和总量问题的原因是各方面的，规模发展快，师资总量增加不够快，专兼结合机制结合难等都是重要原因，对于学校而言，在职教师普遍编制不足，这在一定程度上制约了师资队伍建设的发展。与此同时，必须有一定数量的教师每年有一段时间或每几年有一段时间保持轮岗实习，这样对教师的编制应该更宽松一些。

第二节 学术带头人的培养

一、学术带头人的培养需求

第一，发挥学校整体功能需要学术带头人。“要培养学生的操作能力，教师本身的业务能力是前提，‘能’师才能出高徒”①。所以，必须全面履行学校的职能，在做好人才培养工作的同时，以知识贡献、社会服务等途径展示和提高自己。在师资队伍素质提升上，没有一定数量、具有较高水平和社会影响的学术带头人引领是不现实的，是难以实现高水平、高质量学校办学目标的。

第二，提高学校教育质量需要学术带头人。学校实现人才培养功能、提高教育质量，必须加强师资队伍建设，形成一支素质精良、结构合理、数量充足的师资队伍，其中结构合理是十分重要的，它包括年龄结构、学科结构、专业结构、学缘结构、权威结构等内容。在此过程中，培养一些理论造诣较高的学术带头人和实践操作能力较强的双师型教师对于优化师资队伍结构具

① 韩晓强，刘铁玲，舒晓红．教师文化素养与师资队伍建设［M］．成都：电子科技大学出版社，2017：70.

有重要价值。如果没有一定数量的学术带头人，说明师资队伍结构是不尽合理的，也难以实现高水平的教育质量，并培养高素质的人才，引领学校科学发展的目标。

第三，提升学校社会形象需要学术带头人。教育不仅要培养人才，而且要服务社会。因此，学校必须有一个良好的社会形象。许多社会人士发掘和研究学校资源，往往是从一批乃至几个学术带头人身上开始的，是从这一点出发来判断学校的办学实力和水平的；而能否承担科研和社会服务项目，也需要学术带头人来支持、组织和带领，其作用毋庸置疑。

综上所述，在学校发展过程中，必须充分认识学术带头人的重要性，并花力气培育和造就一批高水平学术带头人，为专业建设、人才培养、科学研究和文化传承创新服务。

二、学术带头人的作用体现

高水平学术带头人是学校的旗帜，一所学校拥有一批重量级的学术（科）带头人，不仅是推动学校学术发展和教育质量提高的重要力量和宝贵财富，更是学校改革创新、彰显魅力的关键所在。学术带头人在学校的作用主要体现在以下几个方面。

第一，组织作用。学术带头人眼光敏锐，能攻克难关，在学术研究中，能够起主导作用，能够被同行广泛认同。因此，他们在学术研究中组织或开展较大课题的研究，依靠自身的学术影响力对学校其他教师乃至整个学校科研工作的开展起着引导和影响作用。这种影响力和组织力在许多情况下是教育行政部门和学校党政领导无法代替的，所以充分重视并积极创造条件发挥学术带头人的这种作用，对一所学校而言是很有意义、很有价值的。

第二，示范作用。学术带头人是一个个体，是教师队伍的一员。由于其科研能力较强，科研成果丰厚，一般都会得到同行的广泛好评。他们进行学术研究的经验对其他教师有启迪作用和影响作用，也有借鉴作用；往往成为其他教师学习的榜样，他们的成果、成功、成就对同行一般都具有良好的示范作用。

第三，激励作用。学术带头人的作用和工作业绩往往成为其他教师新的工作参照目标，往往会提高其他教师的心理期待，促成其他教师的学术追求。在学术带头人的引领下，一部分上进心强的教师会感到上升的空间和追求的动力；一部分上进心欠缺的教师则会感到心理上的压力，如果转化积极效应，往往也会成为积极向上的因素，形成相互之间的“比、学、赶、帮、超”，从而带动整个教师队伍的提高、发展和成长，促进学校良好学风、教风、校风的形成。

第四，凝聚作用。一所成功或者有成就的学校，一般都有一定数量的学科、专业和学术（科）带头人。在学术带头人的旗帜下，凝聚和吸引着一大批教学研究人员，并形成相对比较合理的学术分工，组成学术梯队，往往以研究所、教研室或院系的形式出现，形成正面合力。如果没有一个学术带头人，就难以凝聚一批学界青年精英，相应学科的发展势必会受到影响。学术带头人的存在、培养和提高往往会带动一个学科乃至一个学科群的发展，其凝聚人心、凝聚力量的作用需要重视。

三、学术带头人的素质要求

第一，个人品德。学术带头人由教师中的高水平分子组成，必须具有良好的师德修养和内涵，要热爱祖国，热爱科学，忠于职守，为人师表。与此同时，学术带头人应有崇高的事业心和强烈的敬业精神，具有开拓创新的勇气和不怕困难、不怕失败、百折不挠的勇气，具有健全的人格和品德。此外，作为学术带头人还必须淡泊名利，立足奉献，具有为科学而献身的精神，为事业而奉献的精神，为团队而牺牲的精神。

第二，专业水平。学术带头人就是在某一领域具有较深的学术造诣，能够发挥带头专业的人，因此，专业功底扎实是最基本的素质。学术带头人必须对所从事的专业和学科方向有渊博的知识，对本学科前沿领域的发展有清晰的了解，同时有宽厚的基础理论和不断学习、积极进取的习惯；有较强的科研水平与能力，能充分利用现代科学技术、方法进行学习、教学和科研。

第三，能力素质。对于学术带头人而言，创造性思维能力是最为重要的。当今时代是一个创新的时代，创新需要多种能力：①要善于思考，会“勤学、多思、常练，会举一反三”；②要有发散性思维，发散性思维对符合原则又高于现实的创造性能力而言尤为重要；③要有与自己研究领域相关的特殊技能，这是形成富有个性的科研特色所必需的能力，这种能力为他们攻克科研难题提供了可能和条件；④要有人际交往能力，这是一个专业带头人能够在工作中与他人合作，形成和谐的人际关系，并组织形成科研团队的重要条件。

第四，心理素质。作为学术带头人，必然面临一般教师所没有的心理压力。科研工作需要大量投入，但投入与成效没有正比关系，甚至投入未必有成效，理工科研究领域尤其如此。因此，作为学术带头人，必须性格开朗、心胸豁达，有稳定的情绪、积极的情感，能够在遇到外界变化和内心情感起伏时用理智控制情绪，身处顺境、取得成果时能戒骄戒躁，不断努力进取；反之，能百折不挠，充满乐观和自信，以坚强的毅力，努力争取最终的成功。

四、学术带头人的成长因素

（一）个人自身因素

影响学术带头人成长的自身因素主要有：成才动力、学习能力、个人习惯和个人品格。①成才动力。学术带头人最大的敌人是自己的惰性、满足、自我原谅和自我开脱；最大的失败是大事做不来，小事不想做；最大的损失是等待明天、期待明天、期待下一次。②学习能力。这是一个广义的概念，既包括从外部世界汲取营养，抓取机会和信念的能力；也包括在教学科研过程中自我反思、自我选择、自我调整、自我超越、自我提高的能力。③个人习惯。这里的习惯既包括工作习惯，也包括生活习惯；既包括学习习惯，也包括科研习惯。克服不良习惯、形成良好习惯是学术带头人必须具备的条件，急于求成要不得，拖拉等待使不得，原谅自我不可得。无论是倾听、学习、思考、调研、写作等，教育都应该有清晰的思维、科学的调节、合理的安排，最后形成持久的动力，循序推进，从而取得圆满的结果。④个人品格。学术带头人的个人品格也会最终影响其成功与否。是否敬业，是否能够与人较愉快地合作，能否有奉献精神，能否建立良好的人际关系等均非常重要。

（二）学校内部条件

学校内部也会有影响学术带头人成长和形成的若干因素，其中包括管理措施、学术环境、工作条件和激励机制等。①管理措施。学校在师资队伍建设方面有没有制定切实可行且有力有效的管理措施，包括工作目标、政策导向、奖励措施、机会提供、条件创造等，对学术带头人成长和形成都会有重要影响。②学术环境。良好的微观（校内）学术环境，有利于学术群体形成宽松和谐的氛围，有利于知识分子以良好的心态成才成长。特别是宽容尊重、鼓励创新、荐贤举能的风气，对教师学术带头人的成长更有意义。③工作条件。一个单位和学校能否给予学术带头人必要的或者优厚的工资、生活条件，也会在一定程度上产生作用力。④激励机制。从根本上讲，学术带头人的形成需要一个激励机制。在当今条件下，政策鼓励、舆论引导、经济奖励、考核激励也显得非常重要。

（三）外部社会因素

学术带头人的成长，除个人自身和单位内部激励以外，社会环境也十分重要，主要包括如下方面。①经济条件。国家有足够的财力来支持学术活动的开展，形成一批主要或专门从事学术研究的人才。②社会条件。全社会形成尊重科学、尊重知识、尊重人才、尊重创造的意识和风尚，有利于学术带头人成长。③文化条件。全社会民主化程度较高，它会为科学研究的开展形成良好的学术氛围，从而有利于学术带头人的成长。④舆论条件。一定范围、一定状态下的舆论条件和宣传引领，对学术带头人培养机制的建立也具有重要的作用和巨大的推动力。

（四）特定环境因素

特定的环境对学术带头人的成长也起着重要作用，这主要有以下原因。①工作单位性质和条件。如学校和科研院所比起在行政机关系统，学术影响就会大一些，因而更易影响和催生学术带头人。②学科和专业发展机会。由于业务工作、教学工作开展的需要，形成了从事科研工作的必要性。某位教师一旦抓住机会，创造条件，久而久之，就有可能成为学术带头人。③大师引领。受大师人格魅力的影响，也会推动学术带头人梯队的快速成才和成长。④其他偶然因素，如某教师做出一点并不大的成绩却受到重视和奖励，从此形成好的习惯，久而久之，便产生了积极的效应等。

当然，学术活动既有偶然，也有必然，既有一般，也有特殊，学术带头人的形成也一样，更多的是必然和一般，但也不排斥偶然和特殊。

五、学术带头人的培养机制

对于学校而言，推进学术带头人培养机制建设，既要遵循一般规律，更要发挥积极性、创造性，从而形成自身的特色。

第一，解放思想、更新观念，高度认识学术带头人对学校发展的积极作用。学校要快速实现办学升格、管理升级，要实现规范、办出水平，要提高质量、提升内涵，必须抓实专业、课程、办学条件、教风学风、师资队伍、图书信息资料等基本建设，尤其把师资队伍建设作为重中之重，花大力量，用大投入，筑大系统，而学术带头人是其要件之一。

第二，制定目标，工程推进，通过选拔、培养方式推动学术带头人队伍建设。对于一所学校而言，培养和造就一批专业带头人，要在统一认识基础上，形成和制定明确的目标，即根据学校发展不同阶段，提出不同的要求，找出相应的行动目标，特别是采用工程管理的方法加以实施和推进。

第三，重点扶持，建立机构，以鼓励奖励为主推动学术带头人的成长。学术带头人培养需要考核评价，需要建立竞争、激励乃至淘汰机制。但是学术研究毕竟是一项艰苦的工作，在当今世界观、人生观、价值观多元的情况下，比较科学有效的方法应该实行精神激励和物质鼓励相结合，政策扶持和考核评价相统一，即以鼓励为主，辅之一定的考核；以资助为主，辅之必要的评价；以创设条件为主，辅之相应的压力催生，从而为学术带头人成长创造宽松的条件。

第四，优化环境，形成氛围，努力让学术带头人感到自豪。学术带头人的工作是一项高强度的工作，往往不是一项立竿见影的工作，需要宽松的条件、宽容的态度、宽厚的氛围。作为一个单位尤其是单位的领导人，一定要尊重人的个性，倚重人的德能，注重人的发展。以人为本，尊重知识，尊重劳动，尊重创造；鼓励创新，允许试错，宽容失败，为学术带头人成长、发展和工作创造良好条件，崇尚和支持、鼓励成名成家，使学术带头人不仅有荣誉感，而且有成就感、幸福感。这样，创新、创造和成果才会源源不断，成长也会更加宽松。

第三节 青年教师队伍建设

一、青年教师队伍建设目标

第一，高扬师德旗。教师是人类灵魂的工程师，应该有良好的师德风范和职业道德规范。敬业爱岗、忠诚学校、热爱学生，应该是教师的基本师德。坚定中国特色社会主义理论信念，弘扬爱国主义、民族精神和时代精神，模范遵守社会公德和教师职业道德规范，应该是其重要操守。

第二，过好教学关。教学是教师最基本的功夫，熟练把握课程教学，熟悉课堂教学技巧，熟知课外活动引领，应该是青年教师认真研究的重点，从某种意义上说，能担负起一两门主要课程的教学工作，并在课堂上发挥较强的作用，应该是一个青年教师开展工作的最基本要求。

第三，练就科研功。人才培养、科学研究、社会服务是学校的三大功能，也应当是教师的三大职责，具体到个人身上会有不同的侧重。但对于一个青年教师而言，科研功夫和能力会是其成才、成长、成功、成名的重要因素，从某种意义上说，它会起重要和决定性作用，因此，科学研究的方法、技巧、功底应该需要修炼。

第四，提升育人能力。教书和育人是人才培养的基本功夫，在一线教学中深化育人，在机关工作中推进育人，则是教师的重要使命。教书育人虽是一个整体，但也具有不同技巧和方法，作为育人的要求，也有其规律性可寻，更有具体工作可做。学习青年学、心理学、社会学，并掌握工作技巧和方法，则会达到事半功倍的效果。对于青年教师而言，直接从事班主任、辅导员等一线工作，也许更能锻炼、更有意义。

第五，形成服务能力。青年教师既要在教学过程中与行业企业取得联系并获得经验，也要在联系实际过程中形成服务的能力和水平，尤其是如何了解行业企业的发展变化、发展信息、发展资源，充分利用自身的知识、能力和素养，以增强服务行业、企业的能力，从而为行业、企业发展作出贡献。

第六，修得发展果。每一名青年教师都应该努力从实际出发，结合自身优势和特点，充分利用执教课程、从事专业的有利条件，形成自己的特点，培育自己的特点，进而形成自己有特色的成果，在较短的时间内取得发展成果。

二、青年教师队伍建设思路

（一）重“三历”

第一，企业经历。教育强调的是理论与实践相结合，培养的是高素质技能型专门人才，应用型、技能型、操作型是基本特征，因此，作为青年教师尤其是专业课教师，其从事行业企业工作的经历是非常重要的，因为有经历才会有感受，有感受才会有感悟，有感悟才会促进教育教学。

第二，育人履历。育人是教师的基本功，也是教师的基本职责。育人的履历会增进教师对学生的了解、理解和热爱，从而改进、优化和提升教学工作，促进教育教学水平的提高，从某种意义上而言，也有利于解决教与育的矛盾。

第三，博士学历。博士学历既是一个要求，也是一个象征。它实际上要求教师具有扎实的理论修养和功底，并具有较强的分析问题、解决问题的能力，较扎实的学术规范和基础，即深厚的基础积淀。

（二）强“三化”

第一，职业化意识。青年教师必须有较强的适应专业特点的职业化意识，并有实践感知。

第二，信息化能力。当今社会是知识化、信息化时代，掌握信息化手段，学会信息化本领，既是青年教师从事教学工作的基本条件，也是青年教师与学生交流和获取知识信息的重要途径，从而成为青年教师的基本功。

第三，国际化视野。教学要面向未来、面向世界、面向现代化，学校培养的学生具有处理中国具体工作的能力并具有国际视野，应该是基本目标，这就要求青年教师学在前列，走在前列。

三、青年教师队伍建设路径

建设一支素质精良、数量充足、结构合理、适应发展的青年教师队伍，既是各学校的具体任务，也是整个战线的工作要求；既是教育发展的要求，也是人才工作的重要内容，必须通过科学的方法加以推进。青年教师队伍建设路径如下。

第一，舆论引领。必须从舆论上加强对青年教师队伍建设重要性的认识，形成加快建设一支高素质青年教师队伍的舆论氛围，形成有利于青年教师早挑大梁，快速成长，脱颖而出的人文环境，并鼓励和引领青年教师勇立时代潮头，勇担发展重任，勇做业务尖兵。

第二，工程推动。对青年教师的培养，无论是人事部门、党政部门、科技部门还是教育部门都应该研究并争取有力和有效措施加以推进，而对于各类学校而言，更应采取建设工程加以促进，用中老年教师结对培养青年教师的方法；青年教师国际化工程即鼓励青年教师强化外语以了解国际，提升教师双语教学能力和国际文化交流能力的方法，又如青年教师博士化工程、资助青年教师攻读博士学位的方法等，实践证明这是非常有效的。

第三，组织培养。青年教师培养既需要本人自觉和主动作为，也需要工程来推动和促进，更离不开组织部门有计划、有步骤地加以培养，划拨专项经费，建立专门组织，采用专门方法培养和造就高素质青年教师队伍，这既是组织人事部门的职责，也是教学科研工作部门的使命，更应该成为各单位党政主要领导的重要工作，所以必须认真加以落实。

第四，自我修炼。从本身意义上讲，青年教师的提高和成长，也应该是教师自己的事，如果没有教师的自觉和修炼，也没有自身的热情和能力，外部的力量可能也是有限的，外因只有通过内因才起作用。所以，激发青年教师的事业心和进取精神，应该是共同的责任和追求。

第五，考评促进。建立科学有效的评价和考核机制，既是培养青年教师的有效路径和方法，也是解决青年教师培养有效性的科学路径，在青年教师教师一线开展比、学、赶、帮、超活动，以及开展评比达标考核活动，一定会在很大程度上促进青年教师培养工作的有效开展。

第六，鼓励超越。从人文环境建设上而言，应该打破论资排辈、按资历论贡献的传统做法，解放思想，开拓创新，积极创造条件，鼓励青年教师快速成才。为此，既要为青年教师常规发展铺路，也要为青年教师超越发展搭桥，更要为青年教师特别发展设专线，从而形成比、学、赶、帮超的繁荣局面。

第四节 管理型师资队伍建设

一、管理型师资队伍建设的策略

管理型师资队伍建设是一项系统工程，必须进行制度上的顶层设计，并争取有力措施加以推进。管理型师资队伍建设的策略主要包括以下几个方面。

（一）积极构建“双阶梯”式管理与激励模式

学校必须建立起专门的师资队伍和管理队伍，两支队伍允许有交叉，但对“双肩挑”的范围和条件应有严格限制。师资队伍与管理队伍承担的岗位职责不同，遵循的工作逻辑不同，所需的能力要求和知识素质也不同，因此两支队伍建设具有同等的重要性，不可偏颇。就个体而言，应根据自身特长、条件等因素正确定位、科学规划，坚持岗位稳定与转岗慎重；就学校而言，应该明确教师和管理人员的二元序列与双重进阶，使两者在不同的序列下履行职能、在不同的进阶上实现成长发展，特别是在管理制度和办法设计上，采用不同的考核指标，分别采用有效的激励措施，从而鼓励员工在不同岗位上勤奋创新、作出贡献、争创佳绩。

（二）搭建专门针对管理队伍的综合培养体系

培训和教育是加强学校管理队伍建设、提高管理队伍水平的必要条件，为此，应建立综合化、立体式培养体系，尤其是在培养理念与培养内容上，要与师资队伍培训有所区别，各有侧重。具体而言，可包括以下方面：一是岗前培训，坚持做到先培训后上岗；二是岗位轮训，及时把新形势、新政策、新理念传达和领会；三是转岗培训，凡轮岗、转岗者都必须经过培训。要做到这些，就必须由教育行政主管部门会同有关方面设计系统的岗培从业资格标准，提供岗位培训条件和渠道，以及在培养内容上应当强化双语会话、计算机网络应用、公共管理学等方面的能力与水平，从而有利于管理队伍建设的有效开展。

二、辅导员与班主任队伍的建设

（一）辅导员队伍的建设

辅导员是一个特殊的职业群体，他们具有教师和管理者的双重身份，既是教师队伍的重要组成部分，也是学校从事德育工作、开展学生思想政治教育的骨干力量，是学生日常思想政治教育和管理工作的组织者、实施者和指导者，是学生健康成长的指导者和引路人，其地位身份之特殊、责任使命之崇高，足以说明建设好这支队伍的重要性。

1. 辅导员队伍的职业特性

（1）辅导员工作的主要内容及其相互关系。

第一，专职辅导员是学生思想政治教育和日常管理工作的组织者和指导者。专职辅导员工作在学生思想政治教育的第一线，学生的日常思想政治教育主要由他们来组织实施和引导。培养学生崇高的民族自豪感和自信心的是专职辅导员；引导学生关注时政和国家建设，以及了解国家和社会现实的也是专职辅导员。

第二，专职辅导员是学生成长成才的导师。专职辅导员所要起的作用就是在学生世界观、人生观、价值观形成和变化的关键时期，发挥重要的教育和引导作用，从而解决学生在成长过程中碰到的各类问题，并为学生指出正确的发展方向，以促进学生的人格完善和成长成才。

第三，专职辅导员是学生最值得信赖的朋友。专职辅导员要成为学生健康成长过程中最值得信赖的朋友，只有和学生成为朋友，深入学生当中，方能了解学生的生活、学习和思想状况，学生才愿意与之交流和沟通。这样，专职辅导员才能真正影响学生、引导学生，才能成为学生的人生导师，才能更顺利地完成学生的日常思想政治教育和管理工作。

在以上这些层次的工作内容中，学生思想政治教育是辅导员的核心工作，学生成长成才指导是主体性工作，学生日常事务管理是基础性工作。

（2）辅导员工作的主要特征及其关系。辅导员工作的对象是学生，因而决定了其工作性质具有以下三个特性。

第一，对象的善变性，即辅导员面对的是一个个不同的具有特定价值倾向且处在不断变化和发展之中的学生，学生的善变性和可塑性决定了辅导员职业的挑战性和创造性，同时对辅导员的思想境界、教育理念、教育能力、工作艺术提出了更高的要求。

第二，内容的复杂性。辅导员工作千头万绪、纷繁复杂且没有时空边界，辅导员不仅是教育的重要力量，而且是各种教育要素的协调者，既要把握校内教育资源，又要整合社会与家庭教育资源。

第三，影响的长效性。辅导员的工作方法是多种多样的，对学生成长的影响也是多方面的，所以既需要丰富的学识智慧濡染，又需要自身的人格感召，辅导员与学生的交往也是相互的或者是双方乃至多方互动的，其工作机理在于潜移默化、长效促进。

（3）由工作内容和性质提出的辅导员素能要求。辅导员确需具备教师和管理者的双重素质和能力，具体而言需要做到以下几个方面。

第一，高学历。高学历是其具备渊博知识和丰富智慧的一般前提条件，也是赢得学生信任的主要前置内涵，自然也是做好辅导员工作的重要因素。同时，这里所指的高学历乃是相对于辅导员的工作对象而言的较高学历，不应理解为片面追求高学历甚至最高学历。

第二，高素质。辅导员工作主要是做人的工作，其行为规范、道德品行、言语能力、奉献精神等都是十分重要的，缺少了高素质，辅导员工作一定做不好。

第三，高水平。高水平需要有经验和知识的积淀，也需要有处理复杂问题的技巧和艺术，辅导员要善于发现问题、分析问题、解决问题，并有能力推进系部、专业学生面貌既健康向上、生机勃勃，又保持平衡有序。

2. 辅导员队伍的建设策略

加强专职辅导员队伍建设，是一项系统复杂的工程，要做好专职辅导员队伍建设工作，就得从合理配置并优化专职辅导员队伍的结构、建立卓有成效的专职辅导员队伍激励制度、健全专职辅导员的培训体系等方面着手，加强对专职辅导员的科学化管理。

（1）合理配置并优化专职辅导员队伍的结构。专职辅导员是学生在校期间寻求指导最多、联系最为紧密的人群，所以要按照德才兼备和精干的原则，合理配备一线专职辅导员的数量，并要优化这支队伍的结构。

第一，保证专职辅导员的数量。要优化专职辅导员队伍，至关重要的是要把好“进口”关。在把住“进口”的同时，还要开通“出口”，对工作业绩不佳，经实践检验不适合辅导员工作的人员及时调整出去，即形成“能上能下、能进能出”的良性机制。

第二，严格专职辅导员的准入制度。要在源头上把好专职辅导员队伍的入口。在招聘专职辅导员时，应按照德才兼备的宗旨，坚持公平、公正、公开的原则，遵循政治强、业务精、纪律严、作风正的素质要求从品学兼优的高校毕业生、优秀青年教师中选拔、培养专职辅导员，以保证这支队伍的总体素质。从选拔程序来看，要坚持面向社会的公开公选招聘和在本校青年教工中单独确定考察人选及对象的内部选拔相结合的方式。

第三，要把握专职辅导员队伍的四个结构。要在专业、学历、职称、年龄等方面把握好专职辅导员队伍建设。一是专业结构。因为学生思想政治教育和日常事务管理工作是一门科学，它涉及思想政治教育、心理学、社会学、伦理学、教育学和管理学等专业领域，这就需要从事该项工作的专职辅导员必须具备上述学科的专业背景。二是学历结构。学生的思想观念日趋多元，学生思想政治教育及日常事务管理工作迫切需要高学历的专职辅导员加入，因为高学历的专职辅导员不仅能更深刻地分析、探讨、研究学生的思想政治工作，还能在学生中更好地树立威信。三是职称结构。学校应创造条件打破专职辅导员职称评审的“瓶颈”，从而形成高中低梯次合理的专职辅导员职称结构，因为合理的职称结构能在具体的工作中发挥高职称辅导员的“传、帮、带”作用，以促进低职称辅导员的快速成长，同时，搭配合理的职称结构也是专职辅导员队伍综合实力的体现，有利于维护专职辅导员队伍的稳定。四是年龄结构。实际工作中，不同年龄段的专职辅导员有着不同的工作特点，因为年龄不同，其阅历和经验也各有不同。例如，年轻的辅导员思维活跃、观念新颖、工作有激情，且容易和学生建立良好关系，而工作年限久、年龄稍长的辅导员经验丰富、见多识广，当面临复杂问题和突发事件时，他们能巧妙应对，周到处理，因为年龄的关系，年长的辅导员在工作中更容易让学生信服。

（2）建立卓有成效的专职辅导员队伍建设激励制度。

第一，打通专职辅导员的职称评审“瓶颈”。因为专职辅导员角色和岗位性质的特殊性，学校应将专职辅导员列入教师编制，实行教师职务聘任制，以及在职称评定方面给予适当倾斜。专职辅导员可以申报政工系列、教师系列和研究系列职称，侧重于考核思想政治素质和工作实绩。学校要根据自身所具有的评审权和有关政策规定，并组织专门的思想政治教育职称评审组织，来负责专职辅导员的职称评审、推荐工作。在专职辅导员的职务聘任中，要充分考虑思想政治工作实践性强的特点，注意考核思想政治素质、理论政策水平及从事思想政治工作的实绩和能力。

第二，理顺专职辅导员的管理体制。理顺管理体制是专职辅导员队伍长效性建设的重要部分。目前实行的管理体制中，大多数学校的专职辅导员的编制在二级分院或系部中；日常工作的安排、考核在二级分院（系）部、学院学工部、团委；而任用、选拔、提升、流动由院党委组织部和人事处负责。这样就形成多重管理、考核的局面，从而导致专职辅导员工作责任不明确，任务又过于繁重，难有成就感；而在培养和出路上又少人问津。学校要出台专门的制度，明确专职辅导员的岗位工作职责，做到目标任务清晰，工作落实有章可循。解决了体制问题，就会增强专职辅导员的职业归属感，也就明确了专职辅导员的工作责任，使他们能够感受到作为一名辅导员有自己的工作阵地和进一步发展的可能，是一项可以长期从事的职业，这是实施专职辅导员职业化的前提。

第三，明确专职辅导员的出路和待遇。学校要关心专职辅导员的工作、生活和出路，并认真落实有关政策，从而从制度上解决好他们的职务、职称、待遇、发展等问题。完善专职辅导员的评优奖励制度，将优秀专职辅导员的表彰奖励纳入各级教师、教育工作者表彰奖励体系，按一定比例评选，统一表彰。要树立一批专职辅导员工作先进典型，宣传他们的先进事迹，充分肯定他们在学生思想政治教育中的贡献。专职辅导员的岗位津贴要纳入学校内部分配体系统筹考虑，确保专职辅导员的实际收入与学院同级别、同层次的专任教师的实际收入水平相当，专职辅导员应享受所聘岗位的岗位津贴。在教职工福利方面，专职辅导员应与本院相同资历、相应职务的专任教师享受同等待遇。要统筹规划专职辅导员的发展方向，凡在专职辅导员岗位上工作满一定年限的人员，根据工作需要、本人条件和意愿，应有计划地做好他们的“提、转、留”工作：提——对那些政治素质好、业务能力强、有发展潜力的中青年思想政治工作的骨干作为党政后备干部予以重点培养，根据工作需要逐步提拔使用；转——转到教学、科研或管理工作岗位；留——继续留在学生思想政治工作岗位上并加以培养。通过以上措施，在动态中不断优化专职辅导员队伍，促进干部交流，进而建立积极向上、不断进取的选拔培养机制。

（3）建立健全专职辅导员的培训培养体系。学校需要关心专职辅导员的成才成长，并加大对这支队伍的培训培养力度。要通过发挥学校内部学生工作经验丰富的老教师的“传、帮、带”作用，积极创造有利于专职辅导员开展工作实践和研究的教学科研条件，同时要坚持培养和使用相结合的原则，促进专职辅导员队伍的整体水平提升。

第一，实施辅导员“青蓝工程”。实施辅导员“青蓝工程[1]”，通过开展指导教师与新辅导员结对子活动，发挥指导教师的“传、帮、带”作用，使辅导员尽快提高自己的职业道德、学生工作能力和管理水平，从而建设一支政治思想好、师德高尚，具有严格的科学态度、团结合作、创新进取精神的辅导员队伍，使他们在辅导员岗位上由合格提升到胜任，由胜任进步到优秀。“青蓝工程”中的“青方”是指新进校从事专职辅导员工作的青年教师，“蓝方”是指具有丰富学生工作经验的教师和管理干部。

“蓝方”的主要职责包括如下。一是帮助辅导员提高政治思想素质和敬业精神，增强其工作能力、社会适应性和社交能力。二是点评指导辅导员所开展的学生管理工作，指导辅导员开展重大、疑难的学生工作，帮助辅导员尽快提高学生管理工作水平。三是帮带期为两年。“蓝方”的聘任条件如下。①具有良好的职业道德和思想情操，为人师表，工作踏实，有积极进取的精神。②具有中级及以上职称，至少在本校担任过一届班主任工作且考核及格及以上者或从事学生工作两年以上的相关人员。

“青蓝工程”实施措施包括如下。一是“青蓝工程”由学生处负责组织实施和考核。二是每名新辅导员由所在系或学工部推荐指定一名指导教师。个体“青蓝工程”的培养计划由系部负责制订，并具体落实。三是各系（部）负责对本系“青蓝工程”实施情况进行定期抽查和期终验收。四是每学年末全院组织开展总结评比活动。五是帮带期满经考核合格以上者，学校视考核结果，给予指导教师一定数额的奖励。被培养的新辅导员表现优秀者，学校同样需要给予一定奖励；经考核不合格者，“青方”将不予聘任或解除录用协议，而“蓝方”视同班主任或任学生导师考核不称职。

第二，加大专职辅导员队伍培训培养力度。

一是坚持培养和使用相结合的原则，加强对专职辅导员的培养和提高。通过组织经验交流、提高学历层次、定期培训、外出进修、参观考察等多种

① “青蓝工程”是进一步加强师资队伍建设，培养骨干教师和学科带头人，突出抓好学校优秀拔尖人才、学术带头人选拔培养工作而实施的重要人才培养工程。

形式的培养教育活动，不断提高他们的政治理论素养和政策水平，增强敬业精神，以及努力提高组织管理工作水平和工作技能。要将专职辅导员的培养纳入学校师资培训规划和人才培养计划，享受专任教师同等待遇。

二是，建立长效性的培养制度，切实促进专职辅导员队伍的整体水平提升。学校要建立长效培养制度，对专职辅导员定期进行培训，如日常培训、专题培训、更新知识培训等各种形式的岗前培训和在岗培训，培训内容主要包括时事政策、管理学、教育学、社会学和心理学，以及就业指导、学生事务管理等方面的知识和技能。对专职辅导员的培训要纳入学校的师资培训规划，由组织部、人事处及学生工作部负责实施。原则上每年对专职辅导员队伍至少进行一次业务培训，以及对新从事学生工作的专职辅导员进行一次岗前集中培训，每年与省内外院校进行校际交流一两次，每两年组织一次省外学习考察。

首先，岗前培训制度。在新选聘的辅导员上岗前，职业院校要组织专业人员或资深辅导员对新参加工作的专职辅导员进行岗前培训，让他们了解学校的一些基本情况和学生管理工作的具体情况。专职辅导员经过培训达到基本要求，取得合格证书，方可上岗工作。

其次，学生工作例会制度。院校每月要召开一两次由各二级学院党委书记（分管学生工作的副书记）或专职辅导员参加的学生工作例会。在会议上，要结合当前实践，加强时事培训，让专职辅导员了解更多的现行政策及管理条例，以会代训，通过例会学习文件、研究问题、布置工作等，从而让专职辅导员更好地了解学生工作的管理规定。

再次，专题培训制度。通过座谈会的形式或者讲座的形式开展培训，围绕某一学生管理工作主题，让与会的座谈人员进行经验交流，总结模式；另外还可以通过讲座形式，邀请有关专家开展专题讲座，加强专职辅导员对有关领域专业知识的了解和学习。

最后，在职学习与进修培训制度。学校支持专职辅导员在做好学生思想政治教育工作的基础上在职攻读相关专业学位，鼓励和支持专职辅导员成为思想政治教育工作方面的专门人才。选拔优秀专职辅导员脱产攻读相关的硕士、博士学位，实现骨干队伍向思想政治教育和学生管理的职业化、专家化方向发展。专职辅导员工作满一定年限后，学校要有计划地安排他们一定时间的脱产、半脱产培训进修。此外，学校还需要选派一定数量的专职辅导员进行业务培训，如心理咨询师培训、职业指导师培训等。

当然，有条件的学校应设立辅导员培养发展基金，每年划拨一定的专项经费，用于专职辅导员的培训学习。辅导员培养发展基金的管理和使用由学生工作部统一负责，根据学校计划和各二级学院申报的项目给予资助。各二级学院必须结合部门实际设立专项经费用于专职辅导员的培养提高。

第三，创造专职辅导员结合工作实际开展教学科研的条件。由于专职辅导员所从事的学生思想政治教育与日常事务管理是一门科学，所以学校要充分依托本校思想政治教育学科的资源优势，鼓励和引导专职辅导员挂靠思想政治教育或人文素质与职业素养教研室，为专职辅导员的专业化和职业化发展提供学科支撑。同时，要创造条件以支持一线专职辅导员开展与实际工作有关的实践性研究，推动专职辅导员队伍由“埋头苦干型”向“实践—研究型”转变。条件成熟的学校最好能为专职辅导员配备专门的导师，通过一对一指导来提升辅导员的理论素养和科研水平等。学校要把学生思想政治教育与管理的研究纳入哲学社会科学科研管理范畴，规范管理。充分发挥学校思想政治工作研究载体的作用，为专职辅导员开展研究工作提供平台。学校要划拨研究专项基金，采取招标和委托的方式，就学生思想政治教育中迫切需要解决的若干重大问题，支持专职辅导员开展应用性、前瞻性课题研究。支持和鼓励专职辅导员承担学生思想道德修养与法律基础、形势政策教育、心理健康教育、就业指导等相关课程的教学工作，并合理核定其工作量。把专职辅导员开展教学和科研的情况作为年度考核和职称评定的重要依据。

总而言之，要培养出既有过硬的思想素质又能适应时代发展需要的应用型技能人才，并使从事学生管理的一线专职辅导员责无旁贷。在大力推进素质教育和加强学生思想政治工作的今天，迫切需要建设一支思想品德过硬、专业素质扎实、工作能力和敬业精神较强的并适应学生管理的长效性的专职辅导员工作队伍。

（二）班主任队伍的建设

1. 班主任的作用与定位

（1）班主任的作用。班主任负有在思想、学习和生活等方面指导学生的职责，是学生健康成长的指导者和引路人。

第一，班主任是班级工作的核心。在思想政治教育中，班主任是班级的直接管理人，是开展学生思想政治教育活动的组织者。在安全稳定工作中，班主任是对学生进行安全稳定教育的责任人，负责掌握学生动态、了解学生需求、消除安全稳定隐患。在日常学生管理中，班主任是落实学生管理的一线教育工作者，是提供学生动态信息的主要来源，是开展家校互动和提高学生就业竞争力的重要力量；在学风建设中，班主任是学生进行学业规划的引导者，在开展诚信教育、考风考纪教育以及鼓励学生积极参与社会实践活动、提高学生创新意识、培养学生创新能力等方面具有不可替代的作用。

第二，班主任是班级的灵魂。班主任是一班之主任，学校有任何任务乃至通知都通过班主任传达或安排。由于班主任与班级学生联系的广泛性、密切性、频繁性和长期性，使得班主任对学生的影响非常直接、非常广泛乃至非常深刻，一定意义上讲，班主任是班级的灵魂。

第三，从事班主任工作可提升教师能力，促进教书育人工作。教师担任班主任，一是可以促进教师进一步深入学生和了解学生，更好地把握学生的需求和特点，以便为更好地开展教学活动打下良好的基础；二是可以提高教师的组织管理、沟通交流和处理复杂问题的能力，让他们积累丰富的学生工作经验，促进理论知识与具体实践的相互促进融合，以全面提高教师的自身能力和综合素质。三是可以将教书和育人工作有效结合。教书育人是教师的天职，是教育工作应有之义。班主任将教书和育人的两大职能有机结合，体现了教师天职的要求。

以上各方面的现实需求奠定了班主任在学校系统中的地位，也充分体现了班主任在育人工作中的特殊地位。

（2）班主任的角色定位。班主任在工作中扮演着多重角色，发挥着多种不同的职能，以及从多个方面体现着班主任对学生成长成才的重要价值。

第一，班级工作的组织管理者。班主任作为班级事务的第一责任人和主要管理者，全面负责所带班级的日常管理工作。班主任如同掌舵手，在把学生送往顺利毕业和优质成长成才彼岸的过程中，在确保学生安全稳定的基础上，既要把握好班级的前进方向，又要善于处理协调班级工作的具体事宜。学生的思想政治教育、班风班纪教育、评奖评优、学生干部队伍建设等各项工作都与班主任日常工作密切相关，因此，班主任的重要任务之一是担当好班级工作的组织管理者，从宏观上掌控，从全局上把握，从细微处着手班级的各种事务，充分调动学生的主动性和积极性，从而营造积极向上的班风学风，营造良好的学习成长环境。

第二，学生成长路上的指导者。部分学生面对校园生活可能表现出对新环境的不适应以及存在着不自信心理。同时，处在不同阶段的学生会面临各自不同的问题，这些问题与学生的日常生活、学习发展以及自身利益息息相关，若不能及时有效地处理将会对学生的成长成才带来或多或少的影响。因此，班主任对于学生成长过程中遇到的种种困惑给予指导和帮助就显得尤为重要，班主任的重要角色之一便是做好学生成长路上的指导者和引路人。

第三，人生观和价值观的引导者。班主任是学生道德品质的塑造者和人生观、价值观的引导者。学生的价值取向和道德追求很大程度上取决于其所接受的学校教育和文化熏陶，而班主任是与学生接触最多、联系最紧密的教师，其思想观念和言行举止会在无形中对学生的思想观念产生潜移默化的影响。因此，班主任要做好学生人生观和价值观的引导者，以日常思想政治教育为契机，并引导学生树立正确的世界观、人生观和价值观，同时教会学生在复杂多变的社会环境中坚定立场、坚持原则、坚守信念、明辨是非。

第四，班级活动的主导者。班主任是班级活动的策划者。班级重大活动的开展，离不开班主任的指导以及学生干部的配合执行。一个学期举办怎样的班级活动，如何举办活动，以及活动要达到的目的和效果，这些都需要班主任审核把关。其中的一些具体活动，还需要班主任提供指导，学生负责具体事务的执行落实，双方相互配合，才能顺利有序地开展下去。例如，主题班会的开展，需要班主任围绕当前的工作中心并结合本班学生的实际特点进行组织策划，并以此逐步教会学生处理问题的思路和方法。

第五，学生的良师益友。和谐良好的师生关系应是一种亦师亦友的关系。作为班主任，除了需要以师长的身份引导教育学生，也应该以朋友的身份深入学生中间，赢得学生的信任与喜爱。这也就是班主任既要在学生中树立威信，履行传道授业解惑的职责使命，关心关爱学生的成长成才，尽己所能为学生的发展和需要提供指导和帮助。同时，班主任又要与学生和谐相处，俯下身子以朋友的身份拉近与学生的距离，增进师生之间的情谊，倾听学生的真实心声，敞开胸襟接受学生提出来的意见和建议。除此之外，班主任还要积极发扬民主精神，与学生平等对话、亲切交流，形成亦师亦友的良好师生关系。

2. 班主任应具备的素质

班主任身处学生工作第一线，是学生从学校到社会过渡的导航人，扮演着多种角色以及承担着来自多方面的工作，因此应具备良好的综合素质。

（1）思想政治素质。班主任的思想政治素质主要包括三个方面。一是自身的政治理论水平。班主任应当具有较高的政治理论水平和理论基础，及时学习国家的最新路线方针政策，以自己理论知识和文化修养去影响学生。二是积极进取的精神。政治理论水平的高低并不能代表思想觉悟的高低，关键在于理论学习之后通过自身的思考将理论上升为行动的指南，使理论真正成为推动实践和提高业务的动力，并以积极进取的精神感染带动学生成长。三是自身的道德修养和师德师风。学高为师，身正为范，作为一名班主任，在教育学生、管理学生和服务学生的过程中，如果具有良好的道德修养和师德师风，具有明确的善恶是非观念，那么他在做学生思想政治教育工作时，就可以通过身教的力量做好学生的思想政治教育工作。

（2）业务素质。班主任工作是一项十分讲究工作方法和技巧的综合性工作。班主任在实际工作中会面临多种问题，面对班级可能发生的事情，需要班主任具备扎实的业务能力，拥有丰富的知识储备，并且善于灵活运用知识。因此，班主任业务素质的提升对于提高班级管理的成效性具有重要的作用。首先，班主任需要加强业务学习，不断通过日常学习充实完善自身的知识结构，掌握与学生教育管理工作相关的教育学、管理学、心理学、思想政治教育原理与方法等多方面的知识，同时了解与学生管理相关的各种规章制度和实施办法，研究当代学生的心理特点和成长规律，加深对班级管理和思想政治教育的理解与把握。其次，班主任应当主动学习、了解与自己所带班级学生专业相关的基础知识，从而更有针对性地对学生开展专业方面的指导，增进与学生之间的沟通交流。总而言之，通过系统地了解教育目的和教育原则、教育过程和教育方法，科学地调控教育环境，合理利用各种教育资源，把握学生的最新动态，从而达到最佳的教育效果。

（3）心理素质。班主任工作对于学生的成长成才起着重要的影响作用，这就要求班主任做到以下两点。首先，班主任必须具备强烈的事业心和责任心，对学生工作怀有高度的热情和主动负责的精神，用爱心、关心、耐心和细心把班主任工作当作一项崇高的事业来对待和追求。其次，班主任应具备良好的心理素质。心理素质较好的人，面对各种问题能处乱不惊，通过自己敏锐的观察和客观的推断找到问题的关键所在并采取正确的方法予以解决。具有必要的心理健康知识的人，可以及时发现并有效化解学生的心理冲突，可以合理利用校内外资源做好学生的心理健康教育，从而培育心智健康的学生。除此之外，拥有年轻健康心态的班主任也更容易和学生相处，更容易成为学生的知心朋友，从而更好地开展学生工作。

3. 班主任队伍的结构体现

系统论认为，一个系统能否产生较强的功能，取决于两个基本的因素：一是构成系统的要素质量；二是系统要素之间的组合联系方式，即系统的结构。学校要根据实际工作需要，对班主任工作队伍进行科学的结构配置。一支结构合理的班主任队伍主要体现在以下几个方面。

（1）年龄结构。年龄结构主要是指班主任队伍人员结构中，不同年龄人员的比例构成和相互关系。年龄是一个衡量个体成熟程度的重要特征量，不同年龄的群体在身心特点、性格气质和思维方式等方面都有较大的差异，不同年龄的教师具有不同的优势，以及教育和管理学生所运用的方法与手段也不尽相同，因而它是班主任队伍人员结构中的一个重要因素。例如，老年教师的教学经验较为丰富，教学基本功底扎实，但可能激情和活力相对不足，且可能会与学生之间存在较大的代沟；青年教师充满激情和活力，教学方式和手段比较新颖多样，较易与学生建立良好关系，但是实际教学经验比较欠缺，处理问题的能力相对欠缺；中年教师兼具老年教师与青年教师的优势，但往往由于家庭、生活、教学、科研等事务缠身而导致投入学生身上的时间和精力有限。因此，在加强班主任队伍建设中，我们应考虑把不同年龄段的教师吸纳进来，全面覆盖到“老马识途”的老年教师、“中流砥柱”的中年教师、“生机勃勃”的青年教师，使不同年龄阶段人员的优势互补，从而构成一个老、中、青相结合的比例均衡的综合体，并使此结构处于不断发展的动态平衡中。

（2）知识结构。知识结构主要是指班主任队伍中具有不同知识水平和知识结构的人员的比例构成和相互关系。从知识水平来看，教师的知识有多少之分和深浅之别，学历层次涉及从本科到博士各个层次，并且教师的教学和科研水平也有着显著的差异。从知识结构来看，教师的专业样式繁多，跨度较大，涵盖了学校所有的学科门类，并且每位教师所擅长的具体研究方向不尽相同。因此，要打造一支拥有合理知识结构的班主任队伍，必须将不同知识水平和知识结构的人员编排进来，结合每名教师的特点和长项，分别担任不同年级和不同专业的班主任，并且尽量保证班主任所学的专业与所带班级学生的专业相同或相近，以便更好地对学生开展学业和专业指导。另外，在知识水平方面，应当由初级、中级、高级职称的人按一定的比例构成，一方面鼓励知识水平相对较低的年轻教师积极投入学生管理工作；另一方面也可以充分发挥中高级职称教师对年轻教师的引领和带动作用。

（3）能力结构。能力结构主要是指班主任队伍中，具有不同工作能力人员的比例构成和相互关系。每名教师所擅长的能力各有不同。班主任能力主要包括专业能力和个人特长两个方面，其中个人特长包括演讲表达能力、动手实践能力、社会调研能力、写作表达、组织策划能力等各种具体的能力水平。专业能力和个人特长分别对于帮助学生进行学业指导和发展学生的综合素质具有重要的作用。例如，可以安排动手实践能力较强的老师担任工科专业类教师，指导学生开展各类电子机械类作品制作；安排喜好计算机的教师担任信息技术类专业班主任；安排有丰富社会实践和推销经验的教师担任市场营销类专业班主任。通过对不同能力结构的人员进行合理的配置，形成能够发挥最佳效能的有机整体。

（4）性别结构。性别结构主要是指班主任队伍中，不同性别的人员的比例构成和相互关系。在不同的情况下，应有不同的男女比例组合。例如，对于女生较多的班级，应侧重于选择女教师担任班主任，以便班主任能以过来人的身份设身处地感受女生的一些真实想法，同时这也方便班主任进寝室了解学生的生活情况。但是，性别结构并不意味着男女师生必须一一对应，有时候也要考虑到性别的互补，在性别比例较为失调的情况下选择异性教师能弥补某一方面较弱带来的不足，反而会给班级带来意想不到的效果。总而言之，性别结构应在总体平衡的情况下，视具体情况进行调整和配置。

4. 班主任队伍建设的原则

教育以育人为本、以学生为主体，办学以人才为本、以教师为主体。而班主任是教师队伍的中坚力量，是学生教育的主要力量，需要以正确的理念和方法加强班主任队伍建设，以确保班主任人才层出不穷，活力永驻。班主任队伍建设的原则如下。

（1）人尽其才，优化配置的原则。建设一支思想素质好、业务水平高、综合素质强的班主任队伍，关键在于对教师进行人才资源开发，对学校教职工的知识、能力和素质进行综合测定，科学合理地开发组织和使用，持续不断地增强学校员工的能力，形成群体合力，从而提高学校整体效能的管理活动。首先，学校要帮助教师对自己进行正确的认识和全面的评估，包括对自身的条件、兴趣、爱好、优缺点、能力和追求的认识或评价，认清自己的脾气秉性、优势才干；其次，学校要注重战略性和整体性，谋求人与事、人与人之间的相互适配，充分发挥教师的潜能和作用，帮助他们制订职业发展规划；最后，学校在对教师职业生涯设计评价的基础上，提供职业发展的信息和职业咨询，制定开发策略，使教师和工作岗位实现良好的匹配。

（2）统筹兼顾，合理引导的原则。班主任队伍建设是一项系统工程，不仅要考虑到队伍中人员的数量和质量，还要考虑到队伍的结构性问题以及个体与整体之间的关系，个体与岗位的匹配程度，等等。因此，学校进行班主任队伍建设时，应当秉承统筹兼顾、合理引导的原则，从宏观上掌控，从全局上把握，从而打造一支结构合理的班主任队伍。在进行队伍的整体设计时，要将设计的出发点和目的告诉班主任，争取每一名个体成员的积极配合，避免因沟通不畅引起误会。同时，要加强对班主任的合理引导教育，帮助班主任树立大局意识，让其充分发挥自身的主观能动性，自觉地与学校的总体要求保持一致。

（3）公平公正，科学考核的原则。为了充分调动班主任工作的主动性和积极性，应制定班主任工作条例，进一步明确其工作职责和工作要求。应本着公平公正、奖惩分明的原则，建立科学完善的考评机制，对班主任的工作表现和工作业绩进行客观的评价。考核要坚持定量考核与定性考核相结合。定量是定性的基础和前提，没有一定的工作量的付出，不可能会有工作性质上明显的绩效的提高。定性评价是对一个阶段或者一个年度的工作情况给出一个结果。将定量考核和定性考核结合起来，保障了考核的客观性与科学性。要将考核结果与职称职务聘任、奖惩、晋升等物资和精神奖励挂钩。要完善班主任评优奖励制度，将优秀班主任表彰奖励纳入各级教师、教育工作者表彰奖励体系，按一定比例评选，统一表彰。要树立一批班主任先进典型，宣传他们的先进事迹，充分肯定班主任在学生思想政治教育中的贡献，并从物质层面、精神层面和个人发展等多方面对优秀班主任给予大力支持。对于工作不称职的班主任要进行批评教育，仍无改进的应调离工作岗位。通过建立完善班主任工作考评机制，充分调动班主任工作的积极主动性，促进班主任队伍建设朝着规范化、有序化和竞争化的方向发展。

5. 班主任队伍建设的策略

班主任队伍建设更是一项紧迫而系统的工程，必须予以加强。班主任队伍建设的策略如下。

（1）认真做好班主任队伍的选聘配备工作。做好班主任的选聘配备工作，是加强班主任队伍建设的首要基础。学校要根据实际工作需要，科学合理地配备足够数量的班主任，为每个班级都配备一名班主任。学校在选拔班主任时，应在学校党委的统一领导下，在学生处及各院系的具体组织下，采取组织推荐和公开招聘相结合的方式进行选拔。在保证数量充足的基础上，要倡导和选择高层次人员担任班主任工作。从职业道德与职业技能相结合，专业知识与能力培养相结合的角度认识班主任工作，同时必须倡导和要求下列人员担任班主任工作。

第一，专业主任承担班主任工作。专业主任是本专业教学培养的主要设计者，也是连接人才培养与行业企业的主要活动者，教学方案的主要实施者，如果能够担任班主任工作，不仅能收到业务和素质双重功效，校内和校外双重效能，而且有利于带领更多的教师参与到教书育人的工作中来，从而提高整体育人水平和质量。

第二，高职称专业教师承担班主任工作。高职称专业教师学识渊博，基础扎实，容易受到人们的尊重，也容易影响和教育学生。最近浙江大学出现的院士当班主任效应就能很好地说明问题，如能发挥高职称学术带头人作用，则班主任工作也会收到事半功倍的成效。

第三，高学历教师承担班主任工作。高学历教师见多识广，资源丰富，往往也受学生崇拜和尊重，让这些教师担任班主任工作，既会得到学生的喜爱，也有利于引导学生走上爱学习、爱钻研、爱知识的好轨道，必然有利于学风建设。

（2）大力加强班主任队伍的培养培训工作。加强班主任队伍的培养培训工作，是提高班主任工作能力和水平的关键。各地教育部门和学校要制订详细的班主任培训计划，建立分层次、多形式的培训体系，做到先培训后上岗，坚持日常培训和专题培训相结合。要重点组织班主任系统学习国家的大政方针政策，学习管理学、教育学、社会学和心理学等相关学科理论知识，以及学生学业与职业生涯规划、就业与创业指导、学生事务管理、心理健康教育等方面的知识。同时，要适时安排班主任进行脱产、半脱产或在职培训进修。通过定期输送一批班主任参加业务培训学习、社会实践和学习考察，不断提高班主任的思想政治素质和业务素质，使其开阔视野、拓宽思路、提高解决实际问题的能力，增长做好思想政治教育工作的才干。

（3）合理划分班主任和辅导员的职责。辅导员、班主任是教师队伍的重要组成部分，是学校从事德育工作、开展学生思想政治教育的骨干力量，是学生健康成长的指导者和引路人。可见班主任和辅导员的地位、性质和作用有着基本的共同点。尽管如此，他们具体的职责还是不同的。辅导员有针对性地开展思想政治教育活动，班主任负有在思想、学习和生活等方面指导学生的职责。由此可以看出，班主任和辅导员在工作内容以及工作对象上是不同的。从工作内容来看，辅导员从宏观的角度统筹和兼顾学生的文化、社会活动的组织开展，集中开展学生政治理论学习活动，加强学生的理想信念教育。班主任则侧重于学生教育管理得更加细致和深入，对个别学生的思想问题要给予引导和疏通。从工作对象来看，辅导员负责一个年级学生的思想政治教育工作，而班主任则负责一个教学班级学生的日常管理和思想政治教育。班主任与辅导员之间的关系应当是点和面的关系，班主任工作则是对辅导员工作的有益补充。从组织领导来看，他们都在学校党组织领导下，独立地从事学生的教育培养工作，是两个平等的教育主体，不存在一方领导和管理另一方的问题，共同对党组织负责。当然，在实际的工作中，无论是辅导员还是班主任都应当主动和另一方通气，通报学生工作情况，相互支持和配合，这样才能做好学生的各项教育培养工作，才能避免因辅导员与班主任角色错位产生弱化班主任工作的现象。

（4）切实为班主任工作和发展创造条件及提供保障。制定促进班主任工作和发展的制度政策，是加强班主任队伍建设的重要保障。要切实为班主任的工作和发展提供资源和有利条件，加强对班主任的物质保障和人文关怀，解决与班主任切身利益相关的问题。具体而言，一是计入教育教学工作量。建议把教师工作量统称为教育教学工作量，担任班主任就是直接的育人，应该占据一个教师 1/4 左右的工作量，据此作为考核依据。二是提高报酬和待遇。按照一个班主任带两个平行班相当于 1/4 工作量的标准，建立相应的报酬和补贴制度，使其达到应有的报酬水平。三是建立奖励机制。除每年开展优秀班主任评比，并对优秀班主任进行奖励以外，还要采取更加优厚的措施，如提高奖励标准，必要时可尝试学术或调休制度，即带好三年一届班主任后，可以让教师享受半年学术假或实践假，以鼓励班主任工作。四是完善提拔晋升机制。对班主任工作做得好的教师可以在晋升专业技术职务、提升行政级别等方面予以倾斜，对长期担任班主任工作成效显著的教师可特设岗位给予倾斜。

第五节 应用型师资队伍建设

一、开展校企合作，引进行业教师

第一，降低校园招聘比例，加大社会招聘力度。学校可以拓宽招聘渠道，从企业引进高端技术型人才，通过行业招聘渠道重点挖掘实践经验丰富的技术人才。对于操作技能高且具备教师基本素养的行业稀缺人才，学校可以适当降低学历、职称要求，增加行业工作背景、创新成果、技术能力和职业资格证书的要求。针对行业一流顶尖人才，学校可采取“不为我所有，但为我所用”的柔性人才引进模式，使其促进高技术人才进入学校。

第二，参照国际标准和行业标准，制定适合学校专业发展、体现办学特色的“双师”标准。在“双师”标准的制定过程中，要重视教师在企业工作的实际经验，因为这种经验能够带来极大的价值。这包括教师在企业工作的背景，他们在行业中所获得的宝贵经验，以及参与各类项目所积累的丰富实践。这样的标准不仅注重教师的学术造诣，更关注他们在实际行业背景下的实践能力和经验。通过这一标准的制定，教师不仅能够传授学术知识，更能以其丰富的实践经验为学生提供更为丰富、贴近实际的教学内容。这也将激发学生的学习兴趣，并将他们的学术知识与实际应用相结合。这样的“双师”标准将不仅仅提升教学质量，更能彰显学校的办学特色和竞争力，吸引更多有志于全面发展的教师加入，同时共同推动学校教育事业的蓬勃发展。

第三，通过与政府、企业的产学合作项目，带动项目合作教师进入学校兼职。在产学合作项目中，教师将有机会深度参与，积累丰富的项目经验。这种深度合作使得项目团队成员在合作过程中能够相互了解、互相磨合，最终能够明确选择出技艺精湛且对教育充满热情、乐于分享经验的企业成员加入学校的兼职团队。这样的选员过程不仅基于成员的技能和热情，更是建立在对其在项目合作中所展现的实际能力和教育热忱的了解上。这种筛选机制将确保兼职教师的高质量加入，他们不仅能够带来丰富的行业经验和实践技能，还能够在学校中传递热情、分享经验，为学生提供更丰富、实用的教育内容。

兼职教师选拔为学校带来行业内最优秀、最具潜力的教育人才，他们的加入不仅填补了应用型教师的缺口，还能为学校注入新鲜血液、激发更多教育创新的可能性。通过这样的合作模式，学校将更好地结合实际应用和学术教育，使教学更具针对性、深度和广度，从而提升教育质量和竞争力。

二、分层分类培养，推动教师转型

第一，针对现有教师制定企业挂职办法及实施细则。一是明确挂职工作的具体内容，确保校企双方在实践中有着紧密的衔接与合作。二是规定挂职时间不少于半年，保障教师有足够时间全身心投入工作中。三是建立定期的考核机制，以及及时的反馈和纠偏措施，同时鼓励双方分享经验与成果，促进双向学习。四是保证在挂职期间教师待遇不降低，确保他们在挂职过程中能够安心工作，不受物质利益的影响。这些举措旨在激发教师的工作热情，提升其实践能力与教学水平，并为教育事业与企业发展搭建起良好的桥梁与平台。

第二，打通理论课与实践课，倒逼两类教师充分融合。讲课者必操作、操作者来自讲课者，二者归一。教师需要专注于打通知识和技术之间的联系：首先，要深入了解单个技术课程的背景和应用场景，理解其产生背后的逻辑以及在实际运用中的限制和边界；其次，要发现不同技术之间隐藏的共性和根本联系，这有助于建立更宏观的视角，并推动跨学科的教学整合，使知识更加有机地相互关联。通过这些努力，我们希望为教师提供更多交流合作的机会，进而提升教学水平，培养出更具实践能力和创新思维的学生。

第三，行业教师教学方法、教学技巧的培训。新入职的行业教师最缺乏的是教师基本教学规范和教学方法，应有针对性地对这类教师进行相关的业务培训，帮助行业教师尽快将实践与理论充分结合，以丰富的实践案例带给学生生动的课堂体验。为了帮助新入职的行业教师更好地开展教学工作，可以着眼于解决其缺乏教学规范和方法的问题，制订针对这类教师的专门培训计划，重点围绕教学方法和技巧展开。培训课程注重实用性，通过丰富的实践案例和教学技巧的分享，让教师能够在课堂上生动地呈现知识，激发学生的学习兴趣和参与积极性。培训不仅着眼于教学技能的提升，还强调教师与行业实践的深度融合。教师们学会如何将自身行业经验与学科知识相结合，为学生呈现更为生动且具有实践性的教学内容。

第四，产学合作项目带动三类教师进入真实项目组。产学合作项目为三类教师提供了进入真实项目组的机会，这包括理论教师、专职行业教师以及企业任职的行业教师。这些项目建立在学科基础上，将这三类教师会聚成一个团队，让各自优势互补，共同推动项目的发展。在这个团队中，学校原有的理论教师通过与产业合作更直观地了解应用型人才所需的专业知识和技能，使他们能够更清晰地认识应用型本科院校在科研、教学和社会服务方面的关系，提升他们对产业界的了解和认识，从而更好地指导学生，培养符合社会需求的人才。同时，与专业行业教师和企业教师的互动，让理论教师能够更快地了解最新的行业动态和实践经验，不断丰富自己的教学内容和方法。这种融合式的教师团队能够更好地促进教育与产业的互动，推动学校教育向着更贴近实际需求的方向发展。

三、拓宽教师职称评审体系的路径

第一，按照教师胜任力模型的要求制定相应的职称评审办法，学校可以增加教学型职称评审条件，如全省教学技能大赛一等奖可以作为评审条件；学校也可以增加产学型职称评审条件，如曾任职于全国500强企业中层以上职位，年度横向产学合作项目100万元以上合同金额等。这些评审条件不仅提供了更多展现教师实力的机会，也有助于激发教师的积极性和创造性。同时，这样的评审办法也将更加全面地考量教师在教学、实践和产学合作等方面的能力，为教师在职称评审中提供更多发展路径。这种综合性的评审制度有助于提升教师整体素质，推动学校教育教学水平的不断提升。

第二，倡导教师开展应用型科研，应用科研和纯学术科研具有同等层面的人类文明价值，诺贝尔奖项中就有很多是在纯应用层面上极为突出的成果，如光纤、LED和青蒿素等。应用科研的基石之一就是将先进的进展神速的科学技术理论、原理和技术成果及时有效地转换为对人类社会实际生产活动和生活发生影响的“实际产品”。教师参与不仅能加速科技成果的转化，更能激发学生的学习热情。通过带入最新的科研成果和实践案例，教师可以在课堂上生动呈现科学原理和技术应用，激发学生的创新思维和实践能力。倡导教师参与应用型科研，不仅增进了科技进步，更为学校教育注入了更多实践价值，培养出更加具备应用能力和创新思维的未来人才。

第三，绩效考核设计中鼓励教师向“双师”型教师转变，也是执行“双师”

教师标准的有效措施。例如，教师考核中有职业资格证书的学习、企业挂职锻炼的要求、产学合作项目的参与、应用科研成果产出等，引导教师双向发展。考核机制的实施，不仅是为了激发教师的工作热情和创新能力，更是为了塑造更具实践能力、适应社会需求的教师队伍。通过这样的引导和激励，教师更积极地探索教育教学新模式，不断提升自身的教学水平和实践能力，为学校教育事业的发展贡献更多的力量。

四、采用多元化教师薪酬福利模式

第一，教师年薪制。教师的工作是一种特殊的、复杂的工作，具有非程序化、创新性、非控制性的特点，教师劳动的成果也不是在短期内可以显现的。年薪制则强调以业绩论赏罚、依绩效定薪金，使教师明确了责任并使其承担的责任、风险与其所获得的利益一致，从而拉开教师的收入差距。实行年薪制有利于打破传统的按身份职级发放薪金的惯例，打破论资排辈的做法，使有能力的教师充分发挥才干，也可以使教师相互间增强竞争意识，这样更有利于教学水平和学术水平的提高。同时实行年薪制使国内的教师与国外引进的教授能有机会同台竞争、享受同等待遇，从而鼓励教师提高科研水平，参与国际竞争。

第二，宽带薪酬。宽带薪酬理论将原有的较多的薪酬等级及薪酬变动范围进行重新设计和组合，从而变成只有相对较少的薪酬等级及相应较宽的薪酬变动范围，薪酬等级就是所谓的“带”，各个薪酬等级的变动幅度要比传统薪酬大很多，即所谓的“宽带”。构建基于宽带薪酬理念的教师薪酬，其本质是使得岗位等级较低或中等的教师通过个人绩效的提升来获得更高的报酬，达到与更高一级岗位的教师获取的薪酬等级，这样的绩效工资体系灵活性较强，激励性更大。有效缓解了教师晋升愿望与高级岗位数有限的矛盾；弱化了岗位等级观念及教师们的晋升竞争，促进教师之间的合作和共同进步，有利于学校培养浓厚的学术氛围和团队绩效文化，打造学习型组织；进入“高薪未必要晋升，不晋升也未必会低薪”的良性循环；引导教职工按照岗位系列横向发展，使得教职工的职业发展不再局限于沿着纵向岗位晋升和职称晋升，岗位系列之间可以轮换，实现教职工的自身价值。

第三，多样化福利计划。多样化的福利计划是一种提供给教师除基本工资和绩效奖励以外的重要的薪酬补充形式。这些福利计划主要有三种类型：

一是根据中央和地方的法律法规规定单位必须提供的福利，如受伤工资、失业工资；二是基本的福利保障，如医疗保险、人身保险、退休金等。三是具有学校特色的福利，如教师子女学费补助、子女帮扶计划、优惠券、健康咨询、带薪假期、病假、事假等。学校可以设计一些具有保障性、覆盖面广、极具人性化等特色的福利项目，既考虑教师基本的养老、医疗、住房等，还要充分考虑教师的职业发展、个人成长、学术假期、个人健康、退休养老，同时要解决教师的后顾之忧，如子女入学、家庭医疗、家庭生活服务等，使教师减轻生活顾虑，全身心投入教学科研工作中。

总而言之，通过灵活多样的方式引进和培养应用型教师，不断拓宽教师发展通道，采用多元化的薪酬福利模式，可以促进学校师资队伍建设，为应用型人才培养提供人力资源保障。

参考文献

[1] 鲍盛祥 . 应用型教师发展研究 [M]. 上海：同济大学出版社，2019.

[2] 迟万波 . 提升中层领导力，赋能教师发展 [M]. 长春：吉林人民出版社，2022.

[3] 崔世泉 . 促进教师专业发展的教师激励政策分析 [J]. 教育导刊，2023（6）：26–33.

[4] 戴子涵 . 情感韧性：教师安己育人的关键素养 [J]. 当代教育科学，2023（8）：34–42.

[5] 高赛，张雁，陈省平 ."评价—培训—激励" 教师教学发展模式探索 [J]. 科教文汇，2023（21）：5–8.

[6] 郭军成，何琳 . 教师信息素养的内涵、标准和现实审视 [J]. 河南教育（教师教育），2023（10）：8–9.

[7] 国建文，郭绒 . 教师培训流动空间：内涵、构成和建设路径 [J]. 教师教育研究，2023，35（1）：35–40.

[8] 韩晓强，刘铁玲，舒晓红 . 教师文化素养与师资队伍建设 [M]. 成都：电子科技大学出版社，2017.

[9] 黄红焰 . 培养具有前沿视野"双师型"师资 [J]. 青春岁月：学术版，2012（4）：1.

[10] 黄骊 . 人工智能赋能教师队伍建设的实施策略研究 [J]. 太原城市职业技术学院学报，2023（10）：95–97.

[11] 黄宁生 . 教师培训管理者的素养：教师培训管理案例思考 [M]. 长春：东北师范大学出版社，2016.

[12] 姬元龙 . 培养打造高素质专业化教师队伍为建设教育强国提供坚强师资保障 [J]. 宁夏教育，2023（9）：8–9.

[13] 贾淑云 . 教师培训的反思与展望研究 [M]. 北京：光明日报出版社，2016.

[14] 教师风采 [J]. 中学课程辅导，2023（29）：2.

[15] 金如委，刘蒙蒙，马佳琪，等 . 优秀教师素养的特征、影响因素及提升策略 [J]. 唐山师范学院学报，2023，45（5）：142−147+160.

[16] 鞠文龙 . 教师专业成长的密码 [J]. 华夏教师，2023（21）：34.

[17] 李聪睿，陈彩玲 . 教师素养新修炼 [M]. 天津：天津教育出版社，2012.

[18] 李荣英 . 浅议教师职业道德 [J]. 新校园（中旬刊），2017（2）：184.

[19] 李文送 . 教师专业成长激励机制的校本实践 [J]. 中国教师，2023（10）：80−83.

[20] 刘永亮 . 健全培养体系，打造“语”“技”双能的高水平职教师资队伍 [J]. 教育国际交流，2023（5）：29−32.

[21] 南钢 . 教育家精神：教师队伍建设现代化的指引与核心 [J]. 教师发展研究，2023，7（4）：13−20.

[22] 聂飞，林恺，陈双 . 交叉学科与师资队伍的交互作用及建设路径探索 [J]. 当代教育理论与实践，2023，15（5）：117−121.

[23] 如合牙木·艾力 . 浅谈如何加强教师队伍建设 [J]. 新智慧，2023（29）：66−68.

[24] 申秀英 . 教师培训模式创新研究与实践 [M]. 北京：光明日报出版社，2019.

[25] 束春红 . 积极评价让教师成长人人可见 [J]. 河南教育（教师教育），2023，（11）：4−5.

[26] 唐广贤 . 新课标视域下教师自我教育的理论建构 [J]. 新教育，2023（S2）：5−6.

[27] 王凯丽 . 信息技术环境下的教师发展 [M]. 北京：九州出版社，2020.

[28] 余彬，蒋兴旺，姜红 . 教育评价学 [M]. 成都：成都时代出版社，2019.

[29] 张莉萍，徐丽娜，邹琤 . 抛锚式教学理论在案例教学设计中的应用 [J]. 继续教育，2015（10）：64.

[30] 赵鑫，王玲 . 数字时代教师素养提振的价值意蕴与推进路径 [J]. 今日教育，2023（9）：31−35.

[31] 朱旭东 . 教师专业发展理论研究 [M]. 长春：东北师范大学出版社，2011.